Schwertner
Heimische Biotope

Peter Schwertner

Heimische Biotope

Ein Arbeitsbuch für den Naturschutz

Natur Verlag

Der Autor: Peter Schwertner, Jahrgang 1952,
Veröffentlichungen unter anderem: »Der Naturgarten«, »Ungeliebte Tiere«, »Der naturnahe Gartenteich«

Umschlagfoto: Das kleine Foto zeigt einen Zwergtaucher

Die Deutsche Bibliothek – CIP-Einheitsaufnahme

Schwertner, Peter:
Heimische Biotope: ein Arbeitsbuch für den Naturschutz/ Peter Schwertner. – Augsburg: Natur-Verl., 1991
 ISBN 3-89440-010-2

Natur Verlag
© 1991 Weltbild Verlag GmbH, Augsburg
Alle Rechte vorbehalten
Umschlaggestaltung: Peter Engel, Grünwald
Umschlagfotos: Hans Fürst, Abtsgmünd
Zeichnungen: Marlene Gemke, Germering
Satz: 10/11 Punkt Candida von Utesch Satztechnik GmbH, Hamburg
Gesamtherstellung: Wiener Verlag, Himberg
Printed in Austria

ISBN 3-89440-010-2

Inhalt

Einleitung 7
Der Stand der Dinge 11
Die Vielfalt der Biotope 13
Primärbiotope 15
   Fließgewässer 15
   Stillgewässer 20
   Moore 28
   Feucht- und Naßwiesen 31
   Feucht- und Naßwälder 35
   Trocken- und Halbtrockenrasen 36
   Heiden 38
   Streuobstwiesen 40
   Baumgruppen, Einzelbäume, Altholzbestände 42
   Hecken und Gebüsche 43
   Waldbiotope 48
   Felssteilwände 58
   Höhlen 59
   Horizontale und vertikale Erdaufschlüsse 60
Sekundärbiotope 63
   Biotope in Siedlungsbereichen 63
   Steinbrüche 66
   Sandgruben, Kiesgruben, Lehmgruben u. a. 68

Allgemeine Aspekte des Naturschutzes 72
Kartierungsmaßnahmen 72
Behörden 74
   Kontakte 74
   Der Weg durch die Instanzen 79
Gesetze 82
Öffentlichkeitsarbeit 85
   Presse 85

Inhalt

    Vorträge 86
    Wettbewerbe und Ausstellungen 87
Zusammenarbeit mit anderen Naturschützern 88
Ein Beispiel praktischen Naturschutzes 90
Grundsätzliches zu Umsiedlungsaktionen 94
Wiedereinbürgerungsmaßnahmen auf dem Prüfstand 97

Pro und Contra Naturschutz: ein Nachsatz 101
Adressenverzeichnis 103
Literatur 106
Bildnachweis 107
Stichwortverzeichnis 108

Einleitung

Die Geschwindigkeit, mit der die Natur zerstört wird, hat sich in den letzten Jahren weiter beschleunigt. Dabei geht es aber nicht einmal nur um die großflächigen, aber gleichsam indirekten Zerstörungsmaßnahmen wie etwa die Verschmutzung der Gewässer durch die Einleitung von Schadstoffen oder die Verunreinigung der Luft mit dem damit verbundenen Waldsterben. Die Rede ist hier vielmehr von den ganz konkreten, bewußt in Kauf genommenen Naturzerstörungen wie dem Zuschütten von Kies-, Sand- und Lehmgruben, der Abholzung von Feldgehölzen, dem Abmähen der »Unkräuter«, dem Trockenlegen von Feuchtgebieten und Auwäldern durch Aufschüttung und Drainagieren, dem fortwährenden Asphaltieren und Betonieren ganzer Landstriche und anderem mehr.

Das Resultat: Ausgestorben oder vom Aussterben bedroht sind bei uns mittlerweile u. a. 39 % der Säugetierarten und 30 % der Vögel.

Wenn es mit der Zerstörung der Natur so weitergeht wie bisher, wird also bald so gut wie keine Artenvielfalt mehr herrschen – wir werden nur noch wenige Arten zu Gesicht bekommen, und auch deren Individuenzahl wird selbstverständlich immer mehr abnehmen. Man kann heute nicht einmal mehr sagen, daß es, was den Zustand der Natur betrifft, fünf Minuten vor zwölf ist – es ist fünf Sekunden vor zwölf! Die Tabelle auf Seite 8 faßt diese Situation in Zahlen. Sie zeigt die derzeitige Gefährdungssituation der Tier- und Pflanzenwelt in den alten Bundesländern der Bundesrepublik Deutschland, in den neuen Bundesländern, in Österreich und in der Schweiz (nach Plachter, 1991).

Wie können wir diese „fünf Sekunden" nutzen? Es muß von jedem verantwortungsvollen Naturschützer immer wieder und bei jeder sich ergebenden Gelegenheit darauf hingewiesen werden, daß Naturschutz eine unabdingbare, harte Notwendigkeit ist. Man muß dies den desinteressierten wie den absichtlichen Zerstörern so lange klarmachen, bis wirklich jeder den einfachen Grundsatz begriffen hat, daß die Vernichtung der Natur die Zerstörung unserer eigenen Lebensgrundlage zur Folge hat, daß wir logischerweise selbst nur das letzte Glied in der Reihe des Zerstörten sind.

Vom ständigen Appell an seine Mitbürger einmal abgesehen – was kann der einzelne Naturschützer oder die einzelne Naturschutzorganisation Konkretes tun? Unterscheiden wir in diesem Zusammenhang drei Formen des Naturschutzes:

Die erste Möglichkeit besteht darin, daß man quasi passiv Naturschutz betreibt, indem man Falsches unterläßt, sich also »umweltbewußt« verhält. Beispiele: Verzicht auf die Anwendung umweltbelastender Hausmittel, Verzicht auf den Kauf durch Chemikalien verunreinigter Lebensmittel, Verzicht auf allzu schnelles Autofahren, Verzicht auf Bequemlichkeit, indem man nicht alles in den Hausmüll gibt, sondern z. B. Altglas, Batterien oder Weißblech in

Einleitung

Organismen-gruppe	Bundesrepublik Deutschland Alte Bundesländer		Neue Bundesländer		Österreich		Schweiz	
	a	b	a	b	a	b	a	b
Farn- und Blütenpflanzen	60 (2%)	637 (26%)	83 (5%)	499 (27%)	53 (2%)	857 (30%)	46 (2%)	727 (27%)
Moose	15 (2%)	84 (8%)	–	–	34 (4%)	330 (34%)	4 (0,5%)	396 (38%)
Flechten	26 (1%)	380 (21%)	–	–	1 (?)	178 (?)	–	–
Säugetiere	7 (8%)	37 (39%)	×	×	10 (11%)	32 (37%)	–	–
Vögel	20 (8%)	78 (30%)	×	×	18 (8%)	78 (36%)	8 (5%)	81 (47%)
Kriechtiere	0 (0%)	9 (75%)	–	–	0 (0%)	12 (92%)	1 (7%)	11 (74%)
Lurche	0 (0%)	11 (58%)	×	×	0 (0%)	19 (91%)	4 (21%)	11 (58%)
Fische und Rundmäuler	4 (6%)	45 (64%)	7 (15%)	26 (54%)	7 (10%)	25 34%	–	–
Großschmetterlinge	27 (2%)	467 (36%)	–	–	25 (2%)	×	0 (0%)	76 (39%)
Libellen	4 (5%)	39 (49%)	3 (5%)	37 (57%)	×	×	5 (6%)	44 (54%)
Geradflügler	5 (5%)	31 (32%)	–	–	–	–	–	–

a = Anzahl (Anteil in Prozent aller heimischen Arten) ausgestorbener Taxa, b = Anzahl (Anteil) aktuell gefährdeter Taxa, × = nur für einzelne Landesteile vorliegend.

entsprechende Container wirft bzw. sie an entsprechenden Stellen abgibt. Es gibt Hunderte von Möglichkeiten, im Alltag auf diese Weise Umweltschutz zu praktizieren. Um dies wirkungsvoll tun zu können, muß man natürlich erst einmal wissen, was der Umwelt alles schadet. Doch dieses Wissen zu erhalten, ist heutzutage nicht schwer. In Zeitungen, Zeitschriften, im Radio und Fernsehen werden nahezu täglich Tips und Anregungen gegeben; und jeder, der nur willens ist, sich zu informieren, erhält auch reichlich Informationsmaterial.

Die nächste Möglichkeit ist die, aktiven Naturschutz im eigenen privaten Umfeld zu betreiben. Beispiele: Anlage eines Gartenteiches, Schaffen von Nist- und Aufenthaltsmöglichkeiten für Vögel und Fledermäuse, generell die naturnahe Gartengestaltung durch Anlage einer Blumenwiese und einer »bunten« Hecke, Pflanzung einheimischer Laubbäume, Sträucher und Stauden, Anlage eines Steingartens für Reptilien, Schaffung von Unterschlupf für Säugetiere wie Igel und Spitzmäuse. Auch hierbei bieten sich wiederum

Einleitung

vielerlei Möglichkeit. Der Phantasie sind, was die Qualität der Gestaltung betrifft, keine Grenzen gesetzt; die einzige Begrenzung ergibt sich notgedrungen aus der Größe des zur Verfügung stehenden Grundstücks.

Schließlich besteht auch noch die Möglichkeit, »großflächig« Naturschutz zu betreiben. Das bedeutet nichts anderes, als sich um den Erhalt bestehender, aber auch um die Schaffung neuer Biotope zu kümmern. Dies bietet sich für jene an, die effektiv Naturschutz betreiben wollen, in Ermangelung eines eigenen Grundstücks aber nicht vor der Haustür damit beginnen können – und das ist ja die Mehrzahl – bzw. für jene, die es nicht bei der naturgemäßen Gestaltung des eigenen Gartens bewenden lassen wollen. Örtlichkeiten, an denen ein Beitrag zur Verbesserung der Überlebensmöglichkeiten heimischer Fauna und Flora geleistet werden kann, gibt es überall. Groß ist auch die Zahl der interessierten, die bei öffentlicher Naturgestaltung gerne mit Hand anlegen wollen. Wie und wo man genau damit beginnen könnte, ist allerdings nicht jedem klar. Und genau davon, wie dies zu tun ist, wie Falsches vermieden und Gutes noch verbessert werden kann, soll im folgenden die Rede sein.

Der Stand der Dinge

In den letzten Jahren werden immer mehr Wettbewerbe ausgeschrieben, die sich im weitesten Sinn um das Thema »Wie kann man der Natur helfen?« drehen. Mit zum Teil erklecklichen Preisen prämieren Zeitungen, Zeitschriften, auch Landwirtschaftsministerien Gruppen und Einzelpersonen, die sich um den Erhalt der heimischen Natur bzw. um die Verbesserung des Zustandes derselben bemühen. Ausgezeichnet werden dabei Schutzmaßnahmen für Tiere und Pflanzen alle Arten, die Anlage von Teichen und Feuchtbiotopen, von Vogelschutzgehölzen, die Errichtung von Krötenzäunen, Hilfsmaßnahmen für Fledermäuse und Insekten, Wald- und Gewässersäuberungsaktionen und dergleichen mehr. Die Teilnehmerzahl an solchen Wettbewerben ist ungeheuer groß, meist sind die Wettbewerbsveranstalter selbst völlig verblüfft, wieviel Einsendungen sie erhalten.

Daß die Zahl der Interessenten an solchen Naturschutzmaßnahmen immer mehr steigt, ist überaus erfreulich. Man fragt sich, wie schlimm es um den Zustand der heimischen Natur wohl erst bestellt wäre, wenn sich nicht so viele Privatleute, einen Großteil ihrer Freizeit dabei opfernd, hierfür einsetzen würden.

Bei einem Wettbewerb prämiert oder sonstwie der Öffentlichkeit bekannt werden aber nur jene Naturschutzaktionen, die geglückt sind. Über jene, die auf halbem Weg stecken bleiben, wird dagegen kaum gesprochen oder geschrieben. Dabei ist das gar nicht so selten, und es lohnt sich über die Gründe nachzudenken. Oft trifft man auf die Situation, daß zwar der Ehrgeiz und der gute Wille der an dem Vorhaben Beteiligten riesengroß ist, aber die Fachkenntnis nicht in zureichendem Maß vorhanden ist. Ebensooft wissen Naturschützer nicht, welche Wege man überhaupt einschlagen muß, welche Schritte einzuleiten sind, um schließlich zu einem erfolgreichen Abschluß gelangen zu können. Der begrüßenswerte, aber theoretische Wunsch, der Natur helfen zu wollen und dessen Verwirklichung in der Praxis sind zwei sehr verschiedene Dinge.

Deshalb sind auch die sozusagen geglückten Naturschutzmaßnahmen leider oft nicht frei von Fehlern. Dazu einige Beispiele:

— Biotope werden in Gegenden angelegt, die selbst über kurz oder lang von der Zerstörung betroffen sind. Mangelnde vorherige Erkundigung führt später zur Enttäuschung.

— Es werden immer wieder dieselben Biotop-Typen angelegt, die immer wieder dieselben Arten anlocken. Dies bezieht sich vor allem auf Teiche, die so gestaltet werden, daß sie sich lediglich für die noch häufiger vorkommenden, aber nicht für die vom Aussterben bedrohten Amphibienarten eignen.

Der Stand der Dinge

— Tiere und Pflanzen, die irgendwo bedroht sind, werden in Gebiete umgesiedelt, in denen sie gar nicht leben können, weil es die dortigen geologischen und/oder klimatischen Bedingungen gar nicht zulassen.

— Das menschliche »Schönheitsideal« diktiert die Anlage eines Biotops. Die Natur aber hat ihre eigenen Prinzipien. Man vergißt, daß dort, wo die meisten Tiere und Pflanzen vorkommen, die Natur dem Menschen oft »häßlich«, wild, ja chaotisch erscheint.

— Biotope werden nach ihrer Anlage oft einfach sich selbst überlassen. Dabei kann man gerade aus der Beobachtung ihrer weiteren Entwicklung viel für die zukünftige Arbeit lernen.

Dies ist nur ein Auszug aus einem Katalog von Fehlern, der sich (leider) seitenweise fortführen ließe. Ein versierter Naturschützer mag vielleicht darüber lächeln, weil ihm aufgrund seiner Erfahrung und Fachkenntnis dergleichen nicht passieren könnte. Er sollte es allerdings nicht. Unachtsamkeiten beim Naturschutz können interessierten »Anfängern« immer passieren. Der Erfahrene sollte lieber den anderen mit gutem Beispiel und sinnvollen Ratschlägen dienen, als über fehlgeschlagene Bemühungen die Nase rümpfen.

Womit wir aber schon bei einem weiteren wichtigen Punkt sind, der dem Erfolg von Bemühungen im öffentlichen Naturschutz nicht selten im Weg steht: Naturschützer sind Idealisten. Dies bedeutet nichts anderes, als daß es sich bei ihnen nicht selten um Einzelkämpfer handelt, von denen sich jeder mit seiner speziellen Motivation an das Erreichen »seines« Zieles heranmacht. Ein Großteil der naturschützerischen Arbeit ist aber nur gemeinsam zu leisten, er muß von kleineren und größeren Gruppen in Angriff genommen werden. Und diese »Truppe« muß sich selbst Regeln setzen, um ihre Ziele zu erreichen. Man trifft es leider gar nicht so selten an, daß sich die Gruppenmitglieder gegenseitig regelrecht lähmen, weil zu unterschiedliche Zielvorstellungen herrschen, jeder aber seine für die besten hält und eben diese verwirklichen möchte. Viel Zeit, in der man auf sinnvolle Weise der Natur helfen könnte, wird mit konkurrenzneidigem Diskutieren und Debattieren vertan. Oft nach dem Motto: »Wer hat bisher mehr für die Natur getan, wer also kennt sich besser aus?« Überflüssig zu erwähnen, wie hemmend sich derlei Gebaren auf die Arbeit auswirkt. Dazu kommt aber noch, daß ein solches Verhalten in der Öffentlichkeit einen negativen Eindruck hervorruft, daß wichtige Ansprechpartner wie Gemeinden und Naturschutzbehörden irritiert sind, wenn die einzelnen Organisationen oder deren Mitglieder eine unterschiedliche Sprache sprechen.

Das sichere Mittel, um solche Schwierigkeiten zu umgehen, ist für jede Gruppe ihr Fachwissen über ökologische Grundfragen und/oder, je nach Interessenlage, über Spezialgebiete wie etwa Vogel-, Amphibien- oder Insektenschutz zu erweitern. Fachwissen ist neutrales Wissen, und je höher dies bei den Einzelnen entwickelt ist, desto größer ist von vornherein die Übereinstimmung, desto größer die Chance, einen gemeinsamen Nenner zu finden.

Die Vielfalt der Biotope – ein Überblick

Wir befassen uns hier in erster Linie mit dem **Biotopschutz** im allgemeinen, nicht mit dem **Artenschutz** im besonderen. Letzterer ergibt sich aus ersterem. Schließlich ist es sinnlos, für spezielle Tier- und Pflanzenarten sogenannte Inselbiotope zu schaffen, wenn das Umfeld, also der **Gesamtbiotop**, nicht stimmt, zerstört ist oder wird.

Daraus ergibt sich auch, daß es nicht Aufgabe dieses Buches sein soll (und wegen des begrenzten Umfanges auch nicht sein kann), die in diesem Zusammenhang erwähnten Tier- und Pflanzenarten jeweils exakt nach Aussehen, Färbung und Größe zu beschreiben. Solche Angaben können auch entsprechenden Bestimmungsbüchern entnommen werden. Viel wichtiger erscheint es, auf die Lebensansprüche der Arten einzugehen. Dabei soll vorrangig von bedrohten, stark und extrem bedrohten Arten die Rede sein, da die übrigen weniger oder (noch) nicht gefährdeten Arten in aller Regel quasi nebenbei dort Lebensraum finden, wo für erstere ein solcher geschaffen oder erhalten wird. Bei der Beschreibung von Biotop-Typen ist zu bedenken, daß zwei Ausprägungen desselben Biotop-Typs niemals völlig identisch sein können. Örtliche Besonderheiten spielen jeweils eine wichtige Rolle, und schließlich hängt der Charakter eines Biotops von der Gesamtstruktur der jeweiligen Landschaft ab. Geschildert werden also stets »Modell-Typen« eines Biotops, Verallgemeinerungen, die in Details variieren können. Die Artenzahl eines Biotops hängt nicht nur von dessen Größe, sondern auch vom Umfeld, das heißt zum Beispiel von vorhandenen Nachbarbiotopen ab.

Man unterscheidet zwischen etwa 110 Naturbiotop-Typen und etwa 25 Kulturbiotop-Typen. Zu ersteren sind z. B. Seen, Moore und Trockenrasen zu rechnen, zu letzteren zum Beispiel Parks, Gärten oder Kirchtürme – mit Einfluglöchern für Eulen oder Fledermäuse. Auch ein vermoderter Baumstumpf stellt für viele spezialisierte Arten einen Biotop dar; wir wollen uns hier jedoch auf die Schilderung von »Großbiotopen« beschränken, die sich aus diversen »Kleinbiotopen« zusammensetzen – wohl wissend, daß dies zwar eine Vergröberung, aber damit auch eine Vereinfachung der Betrachtungsweise darstellt.

Die für den Naturschutz wichtigen Biotope lassen sich in zwei Gruppen einteilen: Primär- und Sekundärbiotope. Als Primärbiotope bezeichnet man all jene Biotope, die ohne jede menschliche Einwirkung bestehen können. Hierzu zählen im einzelnen:

1. Fließgewässer
2. Stillgewässer und damit verbundene Röhricht- und Schwimmblattzonen
3. Moore

Die Vielfalt der Biotope

4. Feucht- und Naßwiesen
5. Feucht- und Naßwälder (Au- und Bruchwälder)
6. Trocken- und Halbtrockenrasen
7. Heide
8. Baumgruppen, Einzelbäume, Altholzbestände
9. Streuobstwiesen
10. Waldbiotope
12. Felssteilwände
13. Höhlen
14. Horizontale und vertikale Erdaufschlüsse

Sekundärbiotope sind von Menschenhand geschaffene Areale, die mittlerweile aber ein bedeutsames Refugium für seltene und bedrohte Arten darstellen. Anstelle von Sekundarbiotopen spricht man oft auch von Biotop-Komplexen, da hier eine Vielzahl unterschiedlicher Lebensräume für verschiedene Arten mehr oder weniger fließend ineinander übergehen. Hierzu zählen:

1. Biotope in Siedlungsbereichen
2. Steinbrüche
3. Sandgruben, Kiesgruben, Lehmgruben

Diese Einteilung in Primär- und Sekundärbiotope hat sich in der Praxis zwar bewährt, weil Beschreibungen – beispielsweise von Pflegemaßnahmen – für diese beiden Biotopgruppen oft grundsätzlich anders ausfallen. Trotzdem sei auch auf die Problematik dieser Differenzierung hingewiesen, denn einerseits sind echte, vom Menschen nicht beeinflußte »Ur-Biotope« kaum noch zu finden, andererseits sind etwa Hecken oder Streuobstwiesen in aller Regel vom Menschen angelegt.

Beginnen wir mit der Beschreibung der Primärbiotope. Neben ihren Merkmalen wird von ihrer Gefährdung, jeweils notwendigen Schutzmaßnahmen sowie, falls möglich, von entsprechenden Neuanlagen die Rede sein. Dazu noch einige Hinweise:

Bei den Gefährdungsfaktoren werden menschliche Eingriffe, die das Gleichgewicht der Natur immer stören, wie zum Beispiel Straßenbau und dergleichen, nicht jeweils gesondert aufgeführt. Es wird stattdessen auf speziell für das jeweilige Gebiet relevante Umgestaltungen hingewiesen. Es werden mehrfach Erhaltungs-, Schutz- und Verbesserungsvorschläge erwähnt, die von einzelnen privaten Naturschützern beim besten Willen nicht alleine ausgeführt können – und auch gar nicht ausgeführt werden dürfen. Es versteht sich von selbst, daß für manche Biotopschutz-Maßnahmen der Einsatz von Spezialisten und Spezialgerät erforderlich ist. Dies kann natürlich nur mit Genehmigung der Behörden, die in Frage kommende Firmen beauftragen, geschehen. Private Naturschützer können dabei aber selbstverständlich Anregungen und Hinweise geben, Vorschläge unterbreiten, und das sollten sie auch reichlich tun. Wenn bei den Erhaltungs- und Schutzmaßnahmen schlicht von »Erhaltung« die Rede ist, bedeutet das in erster Linie, daß der jeweilige Biotop oder Teile desselben zunächst »einfach in Ruhe gelassen werden«

sollte; eventuelle Verbesserungsvorschläge folgen an zweiter Stelle. Ist von
»Unterschutzstellung« die Rede, heißt das eben, daß diese vorrangig betrieben werden muß – was wiederum logischerweise nur mit behördlicher Intervention geschehen kann.

Auf diese Punkte, also auf alles, was die **Zusammenarbeit mit Behörden** betrifft, wird im Kap. »**Allgemeine Aspekte des Naturschutzes**« eingegangen. Dort wird vom Aufbau der Behörden und deren strukturellen Zusammenhängen die Rede sein – woraus dann zu entnehmen ist, welche Stelle für welches Problem privaten Naturschutzes zuständig ist.

Primärbiotope

Fließgewässer

Beschreibung

Zu den Fließgewässern zählt man Quellen, Bäche und Flüsse. In und an fließenden Gewässern wurden innerhalb ganz Europas bislang 6454 Tierarten festgestellt, von denen zumindest 3105 Arten besonders stark auf diese Ökosysteme spezialisiert sind.

Flüsse kann man nach biologischen Gesichtspunkten in fünf Regionen unterteilen. Die Regionen werden nach den dort vorkommenden Fischarten benannt. Sie weisen selbstverständlich Überschneidungen auf. Man unterscheidet im einzelnen:

1. Forellenregion
   mit sehr sauerstoffreichem, kühlen Wasser (im Sommer kaum über 10° C), steinigem Grund und starker Strömung. Bachforelle, Schmerle, Bachsaibling, Elritze und Bachneunauge leben hier bevorzugt.

2. Äschenregion
   mit sauerstoffreichem Wasser (im Sommer kaum über 15° C), kräftiger Strömung, großen Steinen und Kies am Grund. Äsche, Huchen, Quappe, Hasel und Lachs sind charakteristisch für diese Region.

3. Die Barbenregion
   Hier nimmt der Sauerstoffgehalt bis zum Gewässergrund stark ab; nur an der Oberfläche ist er reichlich vorhanden. Die Strömung ist mittelstark, der Grund häufig kiesig. Im Sommer wird das Wasser oft über 15° C warm. Barbe, Rotfeder, Orfe, Hecht, Wels, Aal, Flußbarsch trifft man hier an.

Primärbiotope

4. Die Brachsenregion
   In Bodennähe ist hier kein Sauerstoff mehr vorhanden, im Sommer erreicht das Wasser Temperaturen um 20° C. Die Strömung ist schwach, der Grund sandig; häufig stellt sich eine Gewässertrübung ein. Brachsen, Schleie, Karpfen, Karausche, Zander, Rotauge und Aal sind hier zuhause.

5. Flunder- oder Brackwasserregion
   Strömung von den Gezeiten beeinflußt; der Bodengrund besteht aus Feinmaterial; ein mittlerer Sauerstoffgehalt und Wassertemperaturen, die im Sommer häufig über 20° C liegen, kennzeichnen diesen Bereich. Flunder, Kaulbarsch, Stint, Aal und Blikke sind typische Arten dieser Region.

Natürlich bieten Fließgewässer nicht nur Fischen adäquate Lebensräume. Am Gewässergrund leben, je nach Bodenbeschaffenheit, unter anderem **Schneckenarten**: Die Flußdeckelschnecke findet man beispielsweise im schlammigen Grund; zwischen Bodenpflanzen sucht die Gemeine Flußnapfschnecke Zuflucht. Die Gewässeroberfläche, sowohl von Bächen als auch von Stillgewässern nutzen viele **Libellenarten**, so z. B. die Herbst-Mosaikjungfer. Daher wird die biologische Zonierung der Fließgewässer auch manchmal dreiteilig gesehen. Man unterscheidet dann statt 5 Zonen von der Quelle bis zur Mündung 3 Zonen vom Grund bis zur Wasseroberfläche.

Von den erwähnten 6454 Arten, die europaweit in und an Fließgewässern leben, entfallen 5827 Arten auf Wirbellose, 403 auf Fische, 61 auf Säugetiere, 137 auf Vögel und 26 auf Lurche und Kriechtiere. Hinzugefügt werden muß aber, daß die meisten der hier aufgezählten Wirbeltiere sich durchaus auch mit Stillgewässern zufriedengeben. So ist z. B. von unserer heimischen Vogelwelt nur die **Wasseramsel** auf Fließgewässer spezialisiert. Schon der Eisvogel ist flexibler, und der Graureiher, von manchen als typischer Bewohner flußnaher Gegenden angesehen, sucht sich seine Beute auch in Seen, Tümpeln, ja schmalsten Bächen und wenigen Quadratmeter großen Wasseransammlungen sowie – gar nicht selten – einfach auf Wiesen.

Die bei uns stark vom Aussterben bedrohte **Würfelnatter**, als Vertreter der Reptilien, kommt schwerpunktmäßig am Oberlauf von Flüssen vor, meidet aber auch Stillgewässer nicht. Von den Amphibien sucht lediglich der **Feuersalamander** (nahezu ausschließlich) zur Larvenablage kleine Fließgewässer auf.

Was Säugetiere angeht, so ist in ruhigen Zonen von Fließgewässern die Wasserspitzmaus und der bei uns eingebürgerte Bisam zu finden. Die bei uns kaum noch vorhandenen Biber und Ottern (siehe Kapitel über Wiedereinbürgerungsversuche) sind auch nicht ausschließlich auf Fließgewässer angewiesen, obwohl sie diesen Lebensraum bevorzugen. Die typischen Begleitpflanzen-Gesellschaften von Fließgewässern sind Weiden-, Erlen- und Pappelarten; weitere charakteristische Pflanzen sind Iris, Igelkolben, Kalmus, »Röhricht« allgemein, Wasserhahnenfuß, Fieberklee sowie im Unterlauf Brunnenkresse und Quellmoos.

Bilder 1 u. 2: So wie auf dem links abgebildeten Foto sehen die meisten unserer Fließgewässer heutzutage aus: Die Ufer sind gerade gezogen, die Flora ist gestutzt, die Fließgeschwindigkeit ist durchgehend gleich. Kein Platz für uferbewohnende Vogelarten, von Säugern wie Biber oder Fischotter ganz zu schweigen. Die Abbildung rechts zeigt dagegen ein naturbelassenes Fließgewässer. Hier haben Pflanzen- und Tierarten den Raum, den sie benötigen.

Bild 3: Der Flußregenpfeifer *(Charadrius dubius)* kommt im Binnenland an sandigen Flußufern vor. Da diese Biotope aufgrund der Fließgewässer-Regulierungen immer seltener geworden sind, hat diese Regenpfeiferart, ähnlich wie Wechselkröte und Kreuzkröte, Ausweichlebensräume in Kiesgruben gefunden. An bayerischen Flüssen wie Inn und Lech ist er noch häufiger zu finden.

Bild 4: Stausee mit natürlicher Uferbepflanzung. Überläßt man derartige Gewässer sich selbst, finden sich u. a. Wasser-, Grasfrösche und Erdkröten ein. Die Uferregionen von Stauseen werden auch relativ schnell von im und am Wasser jagenden und brütenden Vogelarten besiedelt.

Bild 5: Graugans *(Anser anser)*. Graugänse sind an Süßwasser gebunden. Sie leben vorzugsweise auf sumpfigen Wiesen und an Seen mit Verlandungszonen ohne höhere Vegetation. Die bis zu 90 cm lang werdende Graugans ist die Stammform unserer Hausgänse. Sie zieht im Winter nach Süden. Dank unserer »naturentfremdeten« Seen ist sie mittlerweile selten geworden.

Bild 6: Moorregion mit typischem Birken- und Kiefernaufwuchs. Die Torfmoospolster sind deutlich zu erkennen. Insgesamt gesehen verleihen sie dem Hochmoor die bekannte »Uhrglasdeckel«-Wölbung.
Vor allem viele Wirbellose sind auf Moorregionen spezialisiert, z. B. Libellen- und Ameisenarten. Der hier lebende Moorfrosch ist eine der wenigen Amphibienarten, die – aufgrund der ständigen Feuchtigkeit – tagaktiv sind.

Bild 7: Die Kreuzotter *(Vipera verus)* ist bei uns *die* Giftschlange schlechthin. Diese Art, die besonders in Moorregionen anzutreffen ist, hat einen miserablen Ruf, der aber nicht begründet ist. Wirklich gefährlich ist sie nur für Mäuse. Früher wurden Prämien auf erschlagene Kreuzottern ausgesetzt. Eine Kreuzotter zu töten ist aber nicht schwieriger, als einen Regenwurm zu erschlagen – und dergleichen gilt ja auch nicht als »Heldentat«.

Bild 8: Feucht- und Naßwiesen sind ein Eldorado für Vogel-, Amphibien- und Insektenarten. Besonders günstig ist es, wenn diese Areale Wasserstellen aufweisen. Dann können sich auch Störche einstellen, die dort ihre Nahrung finden. Viele Menschen bedauern den ständigen Rückgang von Störchen, begrüßen aber die Zerstörung von Feuchtwiesen, weil man sie in Ackerland umgestalten kann – ein Paradox, aber kein seltenes.

Bild 9: Graureiher *(Ardea cinerea)* sind sozusagen die »Lieblingsfeinde« aller Fischer und Angler. Immer wieder wird von diesen »Sportlern« gefordert, daß man die unter Schutz stehenden Vögel doch lieber abschießen sollte. Diese Vögel ernähren sich u. a. aber auch von Mäusen, Würmern und anderen Wirbellosen – und die *Weißfische*, die sie vorzugsweise verspeisen, sind für Menschen ungenießbar.

Gefährdungsfaktoren

Wenn man einmal von den Meeren absieht, die die letzten »Auffangbecken« für den an der Natur getriebenen Raubbau darstellen, sind Fließgewässer die am meisten bedrohten Biotope überhaupt. Eine exakte Angabe der tatsächlichen und potentiellen Gefährdungen würde Bände füllen; begnügen wir uns deshalb hier mit Stichworten.

– Gewässerausbau und Kanalisation
 Für die Schiffahrt sind im westlichen Teil Deutschlands (einschl. Westberlin) von insgesamt 6567 km Flußlänge 4169 km ausgebaut. In vielen Regionen Deutschlands, Österreichs und der Schweiz sind natürlich verlaufende Fließgewässer bereits eine absolute Seltenheit. Die durch den Gewässerausbau hervorgerufene stärkere Strömung führt zu einem regelrechten Abdriften vieler Wirbelloser und deren Brut, zum Verlust der für viele Tiere und Pflanzen lebensnotwendigen Überschwemmungszonen sowie auch zu einer stärkeren Bewegung des Gerölls und Feinmaterials, was für viele dort lebende Organismen das »Aus« bedeutet. Die für den Menschen wichtigen Konsequenzen der Gewässerbegradigung erleben in fast jedem Frühjahr die Anwohner von Flüssen hautnah – in Form von wassergefüllten Kellern...

– Verrohrung der Gewässer
 Die aufgrund von Flurbereinigungsmaßnahmen vorgenommenen Verrohrungen von Gewässerabschnitten bedeuten eine völlige Vernichtung der dort lebenden Organismen.

– Gewässerstau
 Hierdurch werden Fließgewässer gleichsam zu Stillgewässern umgewandelt. Die natürlichen Wasserstandsschwankungen entfallen, die Erwärmung des Wassers geht schneller vor sich. Das heißt, auf Strömung und kälteres Wasser spezialisierte Arten, wie z. B. die Fische der Äschenregion, sterben aus. Eingebaute Staustufen wirken sich auch direkt auf die Fortpflanzung mancher Fischarten aus. So leben im Bodensee z. B. Seeforellen, die zum Ablaichen in den größten Bodensee-Zufluß, den Argen, wandern müssen, ihre Laichgewässer aber wegen zu hoher Staustufen nicht mehr erreichen.

– Gewässerverschmutzung
 Sich über den aktuellen Stand der Verschmutzung heimischer Gewässer auszulassen, ist müßig – die entsprechenden Daten sind aus der neuesten Tageszeitung, dem Radio, dem Fernsehen zu entnehmen. Die Gefährdung durch Einleitung von Giftstoffen ist eminent; nicht wenige Abschnitte unserer Fließgewässer sind biologisch tot.

– Belastung der Gewässer durch Abwärme
 Jede künstliche Temperaturerhöhung der Gewässer wirkt sich nachteilig

Primärbiotope

auf Fauna und Flora aus. Einerseits sinkt der Gehalt an gelöstem Sauerstoff, andererseits tritt eine Steigerung des Sauerstoffverbrauchs der Pflanzen, und zwar infolge überhöhten Stoffwechsels, ein. Arten mit hohen Sauerstoffansprüchen sterben aus. Die für viele Arten nötige Winterruhe ist gefährdet, und temperaturabhängige Prozesse wie Wachstum, Geschlechtsreife werden gestört.
— Entnahme von Sand und Kies
 Durch übermäßige Entnahme dieser Materialien können die Laichplätze mancher Fischarten gefährdet werden.

Erhaltungs- und Schutzmaßnahmen

Für sämtliche Biotope gilt folgender (scheinbar) lapidare Satz: Die sinnvollsten Schutzmaßnahmen sind natürlich in erster Linie die Vermeidung bzw. Abstellung der bisherigen Gefährdungsfaktoren! Für Fließgewässer im besonderen heißt das:
— Verbesserung der Wasserqualität. Folglich gilt es, den Ausbau von Kläranlagen voranzutreiben.
— Keine Überdüngung der Felder, weil dadurch das Grundwasser belastet wird.
— Erhaltung und Wiederherstellung des natürlichen Fließgewässer-Charakters (siehe Abb. 1).

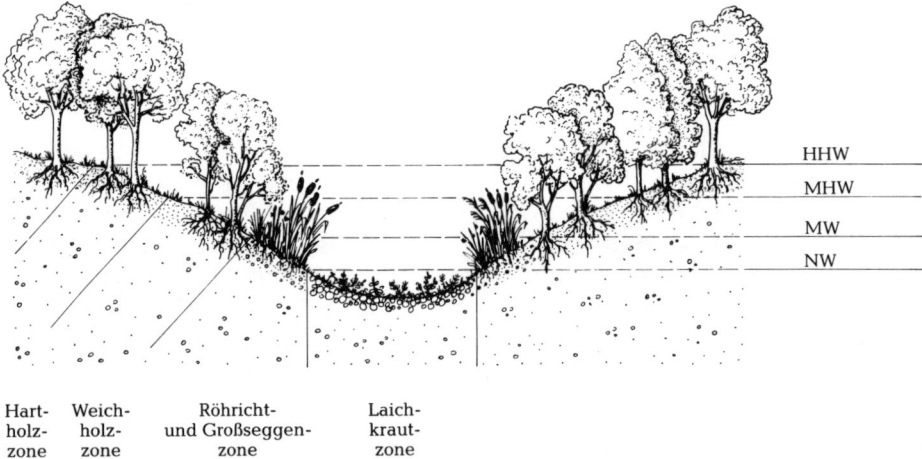

Hart-   Weich-   Röhricht-   Laich-
holz-   holz-   und Großseggen-   kraut-
zone   zone   zone   zone

Abb. 1: Querprofil eines natürlichen Fließgewässers mit seinen typischen Vegetationszonen und Wasserstandsangaben (nach Barth, 1987, verändert)
Hohes Hochwasser (HHW) tritt nur selten auf, die mittlere Hochwasserlinie (MHL) wird einige Wochen im Jahr, der Mittelwasserstand (MW) mindestens ein halbes Jahr lang erreicht; die Niedrigwasserlinie (NW) gibt den Bereich an, der ganzjährig unter Wasser steht.
Die ursprünglichen, sehr unterschiedlichen Vegetationszonen sind heutzutage kaum noch zu finden, da die meisten Fließgewässer kanalisiert sind, was zur weitgehenden Beseitigung der Ufervegetation und auch zu starker Beeinträchtigung des Röhricht- und Wasserpflanzenbewuchses geführt hat.

Fließgewässer

Hierzu gehört die Schaffung eines möglichst abwechslungsreichen Gewässerlaufs mit unterschiedlichen Strömungsgeschwindigkeiten. Dies wird durch das Einbringen von Strömungshindernissen erreicht, so z. B. durch Steinschüttungen, Anpflanzungen von Röhrichten und Gehölzen. Ebenso wichtig ist die Schaffung eines breiten Uferstreifens – am besten 10 m –, der nicht intensiv genutzt werden darf, und die Erhaltung von Kies-, Sand- und Lehmbänken, auch im Überschwemmungsbereich; diese sind wichtig als Aufenthalts-, auch Fortpflanzungsgebiet für diverse Wirbellose, Amphibien und Vögel.

Im Gegensatz zu einigen anderen Biotopen sind bei Fließgewässern – nach Wiederherstellung einigermaßen natürlicher Zustände – weitere menschliche Pflegemaßnahmen unnötig. Die »Feinarbeit« macht das fließende Wasser ohnehin allein (siehe Abb. 2 und 3).

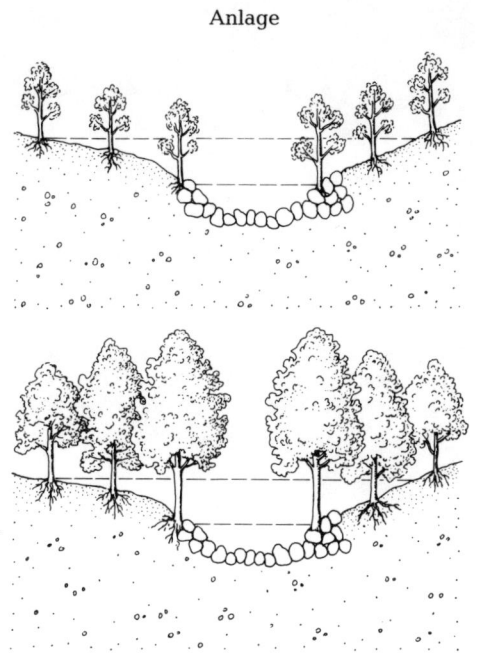

Abb. 2: Größerer Berglandbach im Querprofil (nach Barth, 1987, verändert).
Das obere Schema stellt dar, wie ein solcher Bach renaturiert wird, nämlich durch Steinaufschüttung mittels Schotter und/oder Kieseln am Bachgrund und durch Pflanzung von Laubbaum-Stecklingen bzw. Schößlingen zu beiden Seiten des Gewässerrandes. Auf der unteren Zeichnung ist die nach wenigen Jahren eingetretene Entwicklung skizziert. Wesentlich ist, daß eine land- oder forstwirtschaftliche Nutzung (Nadelbaumpflanzungen) auf mindestens 10 m Breite nach beiden Seiten nicht erfolgen darf.

Primärbiotope

Anlage

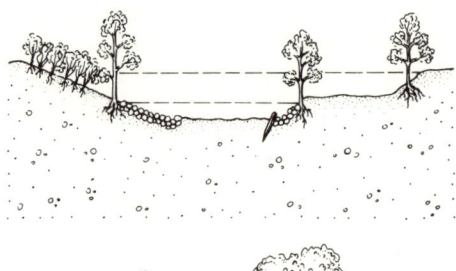

mittleres Hochwasser
Mittelwasserstand

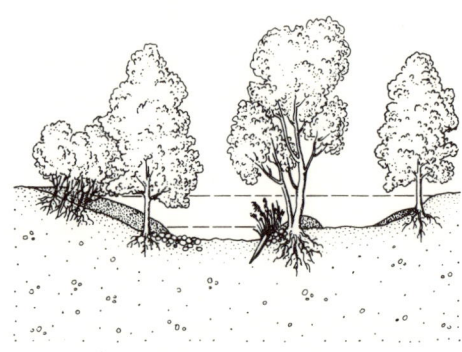

Entwicklung

Abb. 3: Größerer Flachlandbach (oder Fluß) in Anlage und Entwicklung (nach Barth, 1987, verändert).
Die Renaturierung eines solchen Fließgewässers erfolgt prinzipiell analog zu jener eines Berglandbaches, mit folgender Ausnahme allerdings: Da Flachlandbäche meist tiefer sind und folglich von Natur aus steilere Ufer besitzen, gilt es in erster Linie, die durch Kanalisation noch steiler gemachten Ufer mittels Steinaufschüttungen wieder abzuflachen. Um das Ufer zu befestigen, ist es, abgesehen von Laubbaumanpflanzungen, sinnvoll, möglichst wenig humose Erde einzubringen und Rasen darauf auszusäen.

Stillgewässer

Beschreibung

Eine zwar etwas grobe, aber klassische Unterscheidung von Stillgewässern ist die Einteilung in: Seen, Weiher, Tümpel. Diese Einteilung bezieht sich in erster Linie auf die Gewässergröße. Das wesentliche Merkmal dieser Qualifizierung ist jedoch die Wassertiefe: Seen verfügen über Tiefen, die nicht mehr von Wasserpflanzen bewachsen werden können, was ab etwa drei bis vier Metern der Fall ist; Weiher dagegen sind, schlicht ausgedrückt, »Seen ohne Tiefe«. Die vom Menschen geschaffenen künstlichen Gegenstücke zu Seen und Weihern sind Baggerseen und Teiche. Bei den Tümpeln lassen sich ganzjährig wasserführende und periodisch wasserführende unterscheiden.

Stillgewässer

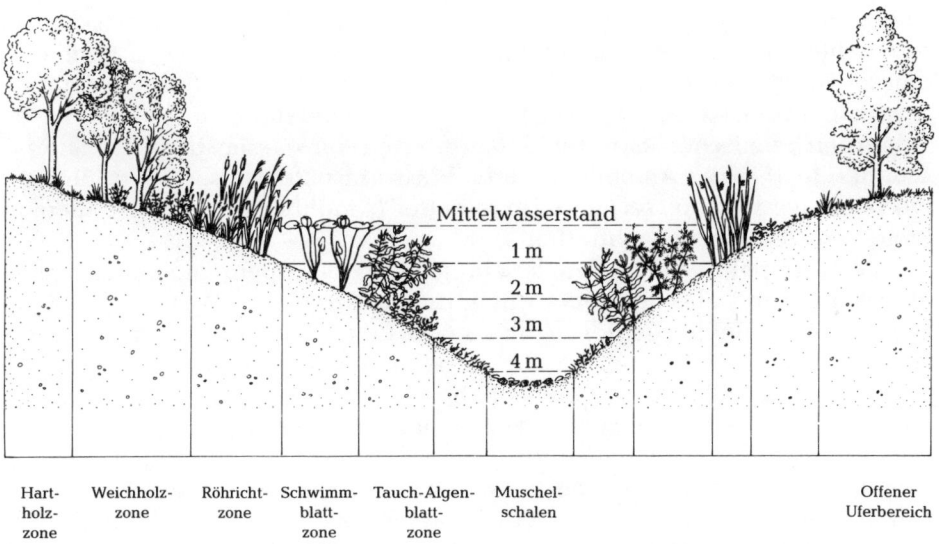

Abb. 4: Natürliche Zonierung eines größeren Stillgewässers (nach Schmidt, 1987, verändert). Am Gewässergrund befinden sich lediglich abgestorbene Tier- und Pflanzenreste. Da dorthin kein Licht mehr dringt, ist Pflanzenwuchs nicht mehr möglich. Wesentlich ist, daß kein Anstauen eines natürlichen Abflusses (Bach) erfolgt. Dadurch würden sich sämtliche Zonen des Gewässers nach oben »verschieben«.

Von wesentlicher Bedeutung für die Fauna ganzjährig wasserführender Stillgewässer ist eine abwechslungsreiche Pflanzenstruktur. Man unterscheidet zwischen Schwimmblattzonen, Unterwasserpflanzenzonen und Röhrichten (siehe Abb. 4). Ein für die Fauna wichtiger Bestandteil von Stillgewässern sind auch vegetationsfreie oder -arme Uferzonen.

Stillgewässer sind in ihren unterschiedlichsten Formen und Größen Lebensraum für eine sehr hohe Zahl von Pflanzen und Tieren. Bei letzteren differenziert man zwischen **Ganzsiedlern**, die alle Lebensphasen im Wasser verbringen, also Wirbellose und Fische, **Teilsiedlern**, die zur Fortpflanzung an Gewässer gebunden sind, wie Amphibien oder dort nahrungssuchende, ansonsten aber landlebende Arten wie Ottern und zahlreiche Vögel sowie »**Gästen**«, die auf offenes Wasser als Tränke angewiesen sind, wie z. B. Rehe. Gäste sind auch Tiere, die bevorzugt an und über Gewässern jagen, wie z. B. Teich- und Wasserfledermaus, aber auch andere Fledermausarten, Baumfalken und Milane.

Neben den schon erwähnten Säugetierarten seien noch Iltis und Schermaus genannt, die sich als gute Schwimmer und Taucher ihre Nahrung oft in und am Wasser suchen, dieses aber nicht primär benötigen.

In großen, tiefen, nährstoffarmen Seen finden sich von den Vogelarten neben dem »Kosmopoliten« Stockente auch die baumbrütenden Gänsesäger und Schellenten sowie der röhrichtbrütende Haubentaucher ein. Die meisten

Primärbiotope

Vogelarten sind jedoch an großen, flachen, nährstoffreichen Gewässern zu beobachten, unter anderem Graugänse, Höckerschwäne, Möwen, Gründelenten, Trauerseeschwalben. Wenn größere Unterwasserpflanzenbestände vorhanden sind, siedeln sich auch Tafel- und Reiherenten an.

Von den heimischen **Reptilien** sind drei Arten von Wasser abhängig: Sumpfschildkröte (Fisch-, Amphibien- und Wasserinsektenfresser), Würfelnatter (vornehmlich Fischfresser) und Ringelnatter (Amphibienfresser, vor allem in kleineren Gewässern anzutreffen).

Zu den **Amphibien**: Von dem lebendgebärenden Alpensalamander einmal abgesehen, sind alle übrigen 19 heimischen Arten vom Wasser abhängig. Somit sind Amphibien geradezu Indikatoren für Gewässertiefe und -größe, für vegetationsarme oder -reiche, für stark, mittel oder schwächer besonnte Gewässer. Deshalb sei kurz etwas näher auf diese spezielle Faunengruppe eingegangen. **Seefrosch, Wasserfrosch** und **Teichfrosch** sind ganzjährig ans Wasser gebunden, meist auch dort überwinternd; Sie bevorzugen größere, sonnige, wasserpflanzenreiche Gewässer mit vegetationsarmen Uferzonen. Der Teichfrosch ist hinsichtlich der Gewässergröße allerdings flexibler.

Grasfrosch, Moorfrosch und **Springfrosch** benutzen zur Laichablage Gewässer unterschiedlichster Größe, vom kleinen Tümpel bis zum Randbereich von Seen; ein gewisser Grad an Besonnung ist günstig, doch beim Grasfrosch spielt auch dieser Faktor keine übermäßig große Rolle; Unterwasserbewuchs ist von Vorteil. **Kreuzkröte** und **Wechselkröte** bevorzugen bei der Laichablage vegetationsarme und noch stärker vegetationsfreie Kleingewässer, die sich, prall in der Sonne liegend, schnell erhitzen, was der Larvalentwicklung zugute kommt, und durchaus auch vorübergehend austrocknen können.

Laubfrosch: Laichgewässer sollten stark besonnt und relativ flach sein bzw. flache Uferzonen aufweisen; wesentlich sind Röhricht- und Gebüschbestände im Wasser und am Ufer – und zwar nach Norden und Osten gelegen. Denn dort sonnen sich die Tiere tagsüber.

Erdkröte: sucht zur Laichablage größere Gewässer mit Unterwasserpflanzenstruktur auf; die Besonnung ist unwesentlich.

Knoblauchkröte: bevorzugt größere, mittel bis stark besonnte Gewässer; Unterwasserbewuchs ist vorteilhaft.

Geburtshelferkröte: laicht in stark besonnten, vegetationsarmen Kleingewässern.

Gelbbauchunke, Rotbauchunke: Die erste Art laicht meist in gutbesonnten Kleingewässern, besiedelt in größeren Gewässern nur den ufernahen Bereich, nimmt aber auch mit Kleinstgewässern wie Pfützen oder Radspuren vorlieb; die zweite Art hat höhere Ansprüche an Wassergröße und -tiefe, laicht häufig in den Überschwemmungszonen von Flüssen und Seen, wobei starke Besonnung wesentlich ist; beide Arten sind weitgehend an Wasser gebunden, also auch außerhalb der eigentlichen Laichzeit, ohne jedoch dort zu überwintern.

Kammolch: hält sich vor allem in mittelgroßen Gewässern auf, meidet – im Gegensatz zu den anderen Molcharten – in der Regel Kleinstgewässer und Pfützen; Besonnung und Unterwasserpflanzenwuchs ist günstig; vor allem die männlichen Tiere überwintern nicht selten im Gewässer.

Teichmolch: häufig »Begleitmolch« der oben genannten Art; Ansprüche ähnlich, nimmt darüber hinaus aber auch mit sehr kleinen Wasseransammlungen vorlieb.

Bergmolch, Fadenmolch: bevorzugen im Gegensatz zu den anderen Molcharten höhere Lagen, kleinere Gewässer, sind aber durchaus flexibel und kommen deshalb auch gemeinsam mit diesen Arten vor; Gewässertemperatur und Besonnung sind zweitrangig, denn es werden auch kühle Waldtümpel angenommen.

Feuersalamander: laicht nicht, sondern legt lebende Larven ab; bevorzugt gleichbleibend kühle, schattige Kleingewässer, die im Laub- und Mischwald liegen, sucht zur Larvenablage aber auch sehr häufig Stillzonen von Fließgewässern auf.

Was **Fische** betrifft, so leben in unseren heimischen Stillgewässern rund 70 Arten. Von Wirbellosen sind europaweit über 1300 Arten bekannt, die in Stillgewässern vorkommen. Ausgehend von den Kriterien Nährstoffreichtum, Gewässertiefe, Wassertemperatur und Sauerstoffgehalt lassen sich folgende Stillgewässer-Typen mit einigen dazugehörigen Charakterarten unterscheiden:

Große, tiefe, nährstoffarme Seen sind der angestammte Lebensraum für Forelle, Saibling, Lachs, Quappe und alle Renken-Arten; Brunnenkrebs, Höhlenassel und diverse Erbsenmuscheln sind hier ebenfalls zuhause.

Große, flache, nährstoffreiche Gewässer werden von Brachse, Hecht, Zander, Schleie, Barsch, Wels bewohnt; Teichmuschel, Posthornschnecke, Sumpfdeckelschnecke und Große Schlammschnecke trifft man hier ebenfalls häufig an.

Kleine, flache, nährstoffreiche Gewässer bieten Stichling, Karausche, Schlammpeitzger und Moderlieschen die richtigen Lebensbedingungen; die Schlammschnecke und die Kleine Tellerschnecke sind ebenfalls charakteristisch für diese Gewässer.

Auf die Bedeutung der Pflanzenstruktur – im und am Gewässer – wurde schon hingewiesen. So bieten Schwimmblatt- und Unterwasserpflanzenzonen nicht nur eine Nahrungsbasis für zahlreiche Wirbellose, z. B. für viele Insektenlarven und Schnecken, sondern dienen auch als Laichplatz für Amphibien – insbesondere Grünfrösche, Erdkröte, Knoblauchkröte, Molche – und krautlaichende Fischarten wie Hecht, Rotfeder, Karausche, Schleie. Eine besondere Bedeutung haben diese Zonen auch für das Aufkommen von pflanzlichen und tierischen Kleinstorganismen wie Algen und Einzeller, also für Arten, die die unterste Stufe der Nahrungskette bilden.

Sehr wichtig ist schließlich die Wasserfilterung durch den Pflanzenwuchs und die Sauerstoffproduktion desselben (»Selbstreinigungseffekt«). Ferner stellen die Wasserpflanzenzonen auch noch Versteck- und Ruheplätze für Wirbellose, Fisch- und Amphibienarten dar. Für Grünfrösche und Libellen sind Schwimmblätter auch Rast-, Sonnen- und Jagdplatz.

Röhrichtzonen sind vor allem für die Teilsiedler der Stillgewässer bedeutsam. Der Sammelbegriff »Röhricht« bezieht sich vor allem auf Schilf, Rohrkolben, Binsen; leicht bis stärker fließende und in Seen mündende Gewässer werden eher von Igelkolben, Froschbiß und Rohrglanzgras besiedelt.

Primärbiotope

Diverse Wirbellose überwintern unter Wasser in den Schilfrohren. Für andere dienen die über dem Wasser liegenden und stehenden Halme als Brutplatz, wobei die Brut dort auch nicht selten überwintert. Dies trifft auf einige Libellen-, Fliegen- und Stechimmenarten zu. Bevorzugt werden hierfür vorjährige Schilfhalme. Erwähnt seien auch noch die in großen Massen auftretenden, auf Schilf spezialisierten Blattlausarten, die eine Nahrungsgrundlage für verschiedene Wanzen-, Schwebfliegen-, Florfliegen- und Käferarten, aber auch für Vögel darstellen.

Mehrere **Vogelarten** sind eng an das Vorhandensein von Röhricht gebunden. Ihnen dienen diese Zonen als Schlafplatz (z. B. Rauchschwalben, Schafstelzen, Stare), Brutversteck, Nahrungsraum, Deckung für Jungtiere und ganz allgemein als Schutz- und Unterschlupfzonen.

Man unterscheidet folgende Röhrichtzonen, die jeweils für verschiedene Tierarten von besonderer Bedeutung sind: Röhrichtgestrüpp mit niedergedrückten, »kreuz und quer liegenden« Altbeständen brauchen Kleines Sumpfhuhn und Rohrweihe; gleichmäßig gewachsene, wenig geknickte Röhrichtzonen sind wichtig für Zwergdommel, Drosselrohrsänger; schüttere, niedrige Schilfbestände an Land suchen Wiesenweihe, Sumpfohreule (siehe Abb. 5).

Bestimmend für Artenvielfalt und Populationsdichte ist natürlich der Umfang, die Breite der Röhrichtzonen. Große Röhrichtbereiche, die Kontakt zu offenem Wasser haben sollten, werden z. B. von Wasserralle, Tüpfelsumpfhuhn, Purpurreiher, Rohrweihe oder Teichrohrsänger besiedelt. Röhrichtzonen, die den Ansprüchen dieser Arten genügen, sollten möglichst mehrere Hundert Quadratmeter umfassen. Für Arten wie Große Rohrdommel, Bartmeise oder Bekassine ist ein unmittelbarer Wasseranschluß des Röhrichts nicht unbedingt nötig.

Für die Fauna bedeutsam sind, wie erwähnt, auch **vegetationsfreie oder -arme Uferzonen**, also rohe, sich periodisch erneuernde Böden. Diese Regionen dienen zum Beispiel Rauch- und Mehlschwalbe als Entnahmeort für Nestbaumaterial; sie stellen für einige Wasserinsekten einen Verpuppungsort dar, und sie sind für manche Amphibien- und Reptilienarten ein Platz, an dem Nahrung erbeutet wird, so z. B. für Grünfrösche. Darüber hinaus bieten sie die Möglichkeit zum Sonnenbaden, was für Grünfrösche, Ringelnatter, Würfelnatter, Sumpfschildkröte von großer Wichtigkeit ist.

Gefährdungsfaktoren

Als bedeutendster Gefährdungsfaktor für Stillgewässer ist direkte oder indirekte Vergiftung, also Einleitung von Industrie- und Haushaltsabwässern bzw. Einschwemmen von Düngemitteln sowie Pestiziden aller Art zu nennen. Weitere Gefährdungsfaktoren sind:

— Zuschüttungsmaßnahmen aller Art. Dies trifft vor allem auf temporäre Kleingewässer zu, die Laichhabitate für bedrohte Insekten- und Amphibienarten darstellen. Es gibt wohl wenige ökologische Nischen, bei denen

Stillgewässer

Dreidimensional strukturiertes Altröhricht, Rohrweihe, Kleines Sumpfhuhn

Gleichmäßig gewachsene, wenig geknickte Schilfbestände: Zwergdommel, Drosselrohrsauger

Schüttere, niedrige Schilfbestände: Wiesenweihe, Sumpfohreule

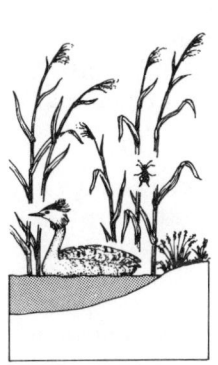

Niedriger Schilfbestand geringer Breite: Haubentaucher, Zipfelkäfer

Röhrichtbestände geringer Breite: Gründelenten, Bläßhuhn

Breites Röhricht mit Kontakt zu offenem Wasser: Tüpfelsumpfhuhn, Purpurreiher

Breites Röhricht, Kontakt zu offenem Wasser weniger wichtig: Große Rohrdommel, Bartmeise

Abb. 5: Besiedelungsbestimmende Strukturmerkmale des Röhrichts und einige dort brütende Vogelarten.

die Diskrepanz zwischen deren tatsächlichem Wert und der – laienhaften – Einschätzung desselben so groß ist. Hierzu gehören auch wassergefüllte Radspuren und Pfützen in Wald- und sonstigen Wegen.

– Drainage von Gewässern.

– Uferbebauungs-, Uferbefestigungsmaßnahmen. Hierdurch kommt es zu

Primärbiotope

einer Zerstörung der Flachwasserbereiche, in denen ein Großteil der Nahrung für Wasserbewohner erzeugt wird.

— Übermäßiger, künstlicher Besatz mit Nutzfischen in Angelteichen und -seen. Dadurch werden, wenn vorhanden, natürliche Fischpopulationen in ihrer Individuendichte wie in ihrer Artenzahl gestört bzw. verdrängt. Überhöhter Fischbesatz — nur für Anglerzwecke — führt zum Rückgang von Wirbellosen, Amphibien und Pflanzen.

— Besonders bedenklich muß auch die Bestückung heimischer Still-, aber auch Fließgewässer mit fremdländischen Fischarten wie Katzenwels, Sonnenbarsch, Goldfisch u. a. erscheinen. So werden zum Beispiel für den Rückgang der Bodenseefelchen die sich stark vermehrenden Katzenwelse mitverantwortlich gemacht. Alle fremdländischen Arten tragen zur Verminderung heimischer Fischarten, wie auch zur Schädigung von Wirbellosen und Amphibien, vor allem deren Larven bei. So sind zum Beispiel Sonnenbarsche eine der wenigen Fischarten, die auch die für andere Arten ungenießbaren Larven der Erdkröte fressen. Schuld an dieser »Entnaturisierung« tragen allerdings weniger Teichwirtschaftler als vielmehr Aquarianer, die ihrer Pfleglinge überdrüssig geworden sind. Anders verhält es sich dagegen mit Graskarpfen und Silberkarpfen, die in Angelteiche für Sportangler eingesetzt werden. Diese schnellwüchsigen ostasiatischen Arten können gewaltig mit dem Unterwasserpflanzenbestand, auch mit den Schwimmpflanzen aufräumen und sogar Röhrichtbestände dezimieren — von der dort lebenden Fauna einmal ganz abgesehen.

— Freizeitaktivitäten wie Bootfahren und Schwimmen wirken sich negativ auf die Flora (Röhricht), vor allem aber auf den Vogelbestand aus. Brütende Vögel werden durch die menschlichen Beschäftigungen teilweise erheblich gestört.

— Die unsachgemäße Anlage von Wanderwegen, die mehr oder weniger stark frequentiert werden, stellt einen weiteren großen Störfaktor für die im Uferbereich brütenden Vogelarten dar.

Erhaltungs- und Schutzmaßnahmen

In erster Linie geht es bei unseren heimischen Stillgewässern um die Verbesserung schlechter Wasserqualität, das heißt, die Unterlassung der Schmutzeinleitungen; der Ausbau und Neubau von Klärwerken muß vorangetrieben werden; hilfreich kann es auch sein, die — meist bekannten — Schmutzverursacher in der Lokalpresse namentlich zu erwähnen, um damit Behörden »anzustacheln« (siehe hierzu auch Kap. »Öffentlichkeitsarbeit« S. 85).

Vorrangig ist daher die unbedingte Erhaltung bestehender natürlicher Stillgewässer, das heißt: Erhaltung der erwähnten Pflanzenbereiche sowie der vegetationsarmen oder -freien Uferzonen, Erhaltung von Schlammbänken und Inselbereichen, also kein künstliches »Vergrößern« von Gewässern aus sogenannten Schönheitsgründen und/oder um den Tourismus zu fördern, zum Beispiel für Surfer und Ruderer. Diese Bereiche sollten auch für Sonnenbadefreunde gesperrt bleiben. Keine Uferbebauung oder -befestigung.

Ebenso wichtig ist die Erhaltung von temporären Kleingewässern. Diese sollten weder zugeschüttet noch durchfahren werden. Man muß Öffentlichkeitsarbeit leisten, um darauf hinzuweisen, wie wertvoll diese so unscheinbar wirkenden Biotope wirklich sind.

Keine intensive Fischereiwirtschaft in ökologisch wertvollen Gewässern! Fischteiche gibt es ohnehin schon genug.

Keine intensive landwirtschaftliche Nutzung des Gewässerumfeldes!

In Gewässern ab circa 5 ha Fläche kann es sinnvoll sein, kleine flache Inseln anzulegen. Damit werden die Brutbedingungen für Vogelarten verbessert; außerdem finden diese dort Schutz vor Feinden. Zu diesem Zweck wird Erdaushub, der von in der Nähe liegenden Bauplätzen stammen kann, auf Gewässerstellen aufgetragen, die schon von Natur aus relativ seicht sind. Die Größe solcher Inseln sollte mindestens 100 m² betragen. Größere Maße sind natürlich von Vorteil, wobei allerdings darauf geachtet werden muß, daß ihre Größe zu der des Gesamtgewässers paßt. Auch muß bedacht werden, daß der Übergang vom Land zum Wasser zunächst relativ seicht ist. In diesem Flachwasserbereich suchen nämlich viele Vogelarten nach Nahrung; zum Beispiel Reiher und Störche gehen hier auf Fisch- und Kleintierfang. Nach etwa fünf Metern sollte dann jedoch die tiefere Wasserzone beginnen; andernfalls würde nämlich der Pflanzenbewuchs – Röhricht, Büsche, Buschbäume –, der sich im Lauf der Zeit auf der Insel eingestellt hat, auf die Umgebung übergreifen. Die größere Gewässertiefe verhindert diesen Vorgang. Es versteht sich von selbst, daß die Anlage kleinerer und größerer Inseln nur mittels technischer Gerätschaft erfolgen kann, und daß man deshalb gut abwägen muß, in welchem Umfang dies vertretbar ist, ob ein möglicher Schaden an der vorhandenen Flora und Fauna nicht größer ist als der Nutzen für die zukünftige. Es ist somit auch klar, daß sich die Anlage von Inseln am besten für neu zu schaffende Stillgewässer eignet. In diesem Fall ist alles wesentlich einfacher: es werden beim Ausbaggern lediglich bestehende Bodenteile, die zunächst sanft abfallen, übriggelassen. Stets gilt jedoch, daß natürlich »gewachsene« Gewässer ökologisch weitaus wertvoller sind als künstlich geschaffene, wie etwa Baggerseen. Der Erhalt ersterer sollte also unbedingten Vorrang vor einer Neuanlage haben. Dennoch ist selbstverständlich eine Gewässervernetzung, auch mit dem Einbau künstlicher »Zwischenglieder«, anzustreben.

Im einzelnen geht es um die Schaffung von Schutzzonen (Büsche, ungedüngtes Grünland) vor allem am Nord-, Nordost- und Nordwestufer – wegen der Sonnenabschirmung nicht am Südufer! Dornengestrüpp verhindert auch menschlichen Zugang. Die Erhaltung der Busch- und Baumstruktur auch in weiterer Entfernung vom Ufer als Ruhe- und Brutplatz für diverse Vogelarten wie Rohrammer, Schilfrohrsänger, Enten, Reiher ist von großer Wichtigkeit.

Bei künstlichen Gewässern sollten Flachwasserzonen geschaffen werden, da diese für manche Wirbellose und Amphibienarten wichtig sind.

Die Erhaltung und Schaffung von Überschwemmungs- und Sumpfbereichen hilft Sumpfpflanzen, Wirbellosen, Amphibien.

Primärbiotope

Moore

Beschreibung

Man unterscheidet zwischen Hochmooren und Niedermooren; Übergänge zwischen beiden Typen werden als Zwischenmoore bezeichnet.

Moore entstanden aus verlandeten Gewässern wie Seen. (siehe Abb. 7) Sie konnten aber überhaupt nur dort entstehen, wo die Niederschlagsmenge größer als die Verdunstungsrate des Wassers ist und wo sich die Niederschläge auf das ganze Jahr relativ gleichmäßig verteilen – z. B. nordwestdeutsches Flachland, Teilgebiete von Harz, Eifel, Rhön, Schwarzwald, Voralpen- und Alpenraum. Auf dem sehr nassen und luftarmen Boden der Niedermoore leben vor allem Pflanzenarten, die ihre Wurzeln flach in der obersten Bodenschicht ausbreiten, wie z. B. Sumpfvergißmeinnicht, Sumpfschachtelhalm, Sumpfziest, Pfennigkraut, Mädesüß, Binsen. Im Lauf der Zeit häufen sich auf dem Moorboden immer mehr abgestorbene Pflanzenmassen an, so daß er sich allmählich erhöht und trockener wird. Als Folge können sich dann auch Holzgewächse ansiedeln, und zwar zuerst Weide und Faulbaum, später auch Erle und Birke – schließlich entsteht aus dem Moor ein Bruchwald. Im Niedermoor leben im allgemeinen die gleichen Tierarten wie in dem Pflanzengürtel, der das offene Wasser umschließt. Hinzu kommen manche »Gäste«, etwa Kiebitz und Storch.

Noch ist der See deutlich zu erkennen, aber der Verlandungsprozeß beginnt bereits (vor ca. 15 000 Jahren).

Starke Besiedlung des Sees durch Röhricht, Birken, Erlen, Weiden (vor ca. 8000 Jahren).

Moore

Allmähliche Ausbreitung der Torfmoose, deren Polster schon teilweise über die Umgebung hinausragen (vor ca. 5000 Jahren).

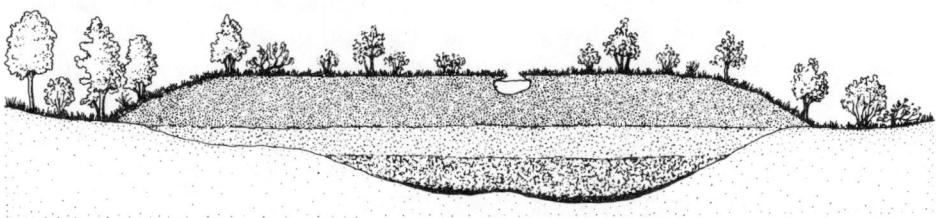

Nur die obersten 15 cm des Torfmooses sind grün, die unteren Schichten haben sich zu Torf zersetzt.

Abb. 7: Die Entwicklung eines Moores

Häufig ist jedoch die Verlandung der Seen, die sich in den Jahrtausenden nach der Eiszeit vollzog, nicht bei der Flachmoor- und Bruchwaldbildung stehengeblieben. Man weiß heute, daß viele Seen bereits vor rund 7000 Jahren verlandet waren. Dann aber setzte eine erneute Versumpfung ein: Folge eines wärmeren und niederschlagsreicheren Klimas als heute. Auf dem nährstoffarmen sauren Boden konnten jene Pflanzen, die einstmals zur Verlandung des Gewässers geführt hatten, nicht mehr wurzeln. Deshalb waren nun Pflanzen im Vorteil, die vom Grundwasser unabhängig sind und mit der vorhandenen Niederschlagsmenge auskommen. Das gilt besonders für die Torfmoose. Diese haben die Eigenart, Wasser wie ein Schwamm aufzusaugen und zu speichern. Das starke Wuchern der Moose führte dazu, daß alle anderen Pflanzen erstickten. Das untere Ende der Moose vertorfte, das obere wuchs weiter. Dadurch erhob sich schließlich die Torfmoosdecke mehrere Meter über dem Niedermoortorf. Die Oberfläche der Hochmoore uhrglasförmig gewölbt, da die randständigen Teile stärker austrocknen als die mittleren und somit im Größenwachstum zurückbleiben. Als in späteren Jahrtausenden die Niederschläge zurückgingen und das Mooswachstum nachließ, stellten sich zahlreiche Sauergräser, Sonnentau, Heidekraut, Moosbeere, schließlich Wacholder, Kiefer, Birke ein: das Hochmoor entwickelte sich zur Heide.

Weil Hochmoore erdgeschichtlich relativ junge Biotope sind, ist die Anzahl der ausschließlich oder überwiegend an Hochmoore gebundenen Tier- und Pflanzenarten nicht allzu hoch. Gemessen am Anteil der verschollenen und

Primärbiotope

gefährdeten Tier- und Pflanzenarten nehmen Moore dennoch einen Spitzenplatz unter den heimischen Biotopen ein – entsprechend groß ist ihr Naturschutzwert. Etwa 120 bis 150 Wirbellose-Arten sind weitgehend auf Moore spezialisiert, darunter **Schmetterlinge** wie Hochmoorgelbling und Moosbeerenbläuling, Laufkäferarten wie Hochmoor-Laufkäfer, mehrere, fast ausschließlich bedrohte **Libellenarten** (Moosjungfern-Arten, Schwarze Heidelibelle) sowie auch Ameisenarten (Schwarzglänzende Moorameise).

Von den **Amphibien- und Reptilienarten** sind vor allem Moorfrosch, der Grasfrosch als »Allerweltsbesiedler«, Knoblauchkröte, Molche, Kreuzotter, Schlingnatter, Ringelnatter, Blindschleiche und Waldeidechse anzutreffen.

Je nach den Nachbarschaftsbiotopen, also dem räumlichen Kontakt von Hochmoor zu Niedermoor oder Feuchtwiesen, stellen sich Sumpfohreule, Goldregenpfeifer, Großer Brachvogel, Birkhuhn, Sturmmöwe, Krick- und Knäkente ein. In Waldmooren des Elberaums mit unzugänglichen Bruchwaldzonen kann man auch Kraniche finden.

Gefährdungsfaktoren

Ein Beispiel: von den insgesamt 45 000 ha Hochmoorfläche in Schleswig-Holstein kann heute nur mehr 1 % als ökologisch intakt bezeichnet werden! Für das moorreichste Bundesland, nämlich Niedersachsen, sehen die Zahlen nicht wesentlich besser aus.

— Die größte Gefahr stellt die Entwässerung der Moore dar, ohne die Abtorfungen, landwirtschaftliche Bodennutzung, oder Aufforstungen erst gar nicht möglich werden. In den zentimeterschmalen, aber mehr als einen Meter tiefen Entwässerungsgräben ertrinken Jungvögel oft massenhaft! Abtorfungen führen zur Vernichtung der gesamten Vegetation; dadurch ergeben sich tiefschneidende Eingriffe in den Wasserhaushalt, womit eine totale Veränderung des Moorcharakters verbunden ist.

— Als extrem nährstoffarme Gebiete reagieren Moore äußerst empfindlich auf das Einbringen jeglicher Nährstoffe: Dünger, Humus, Einschwemmung von nährstoffreichem Wasser. Die Beweidung von Moorgelände führt nicht nur zur übermäßigen Dungeinleitung und zum Verbiß der Vegetation, sondern auch zu Trittschäden, also dazu, daß der Boden zerstampft wird. Was für Schafe und Rinder gilt, gilt auch für Menschen, selbst wenn sich das recht grob anhört. Moorwanderwege, die ja nicht selten einmal verlassen werden, tragen zu einer touristischen Erschließung des Geländes bei; ihre Begehung führt zu einer Beeinträchtigung der Flora, zu einer Störung der Fauna.

— Alpenmoore werden durch Planierungsarbeiten und ähnliche Maßnahmen, die vor allem dem Skibetrieb dienen sollen, beeinträchtigt.

— Leider werden Moorflächen auch gerne als Mülldeponien genutzt.

— Die Nutzung als militärisches Übungsgelände ist ebenfalls ein nicht zu unterschätzender Gefährdungsfaktor.

Erhaltungs- und Schutzmaßnahmen

Unbedingte Unterschutzstellung aller noch vorhandener intakter Moorflächen!
– Zwischen Moorgelände und intensiv genutztem Wirtschaftsland sollten Pufferzonen von mindestens 500 m Breite und mehr geschaffen werden, die nicht gedüngt werden dürfen.
– Aufgabe der Ausbeutung aller noch einigermaßen naturnaher Rest-Moorflächen, das heißt auch Stop des Torfabbaus.
– Umgehende Schließung der Entwässerungsgräben in den Mooren.
– Verrohren von Entwässerungsgräben in der Nachbarschaft von Mooren.

Sinnvoll ist auch eine Beseitigung des Gehölzaufwuchses, da dieser einerseits durch Wasserentzug, andererseits durch Beschattung Pflanzen – vor allem Torfmoose – zum Absterben bringt.

Mitunter empfiehlt sich die Anlage kleinerer Wasserflächen von wenigen Quadratmeter Größe, wobei allerdings zu beachten ist, daß deren Aushub nicht bis zum mineralischen Untergrund des Moores reichen darf – andernfalls besteht die Gefahr der Versickerung.

Feucht- und Naßwiesen

Beschreibung

Hierbei handelt es sich um Gebiete mit wechselfeuchten bis nassen Böden, die in der Regel einen hohen Bestand an Pflanzen- und Tierarten aufweisen. Man unterscheidet zunächst Naß- und Feuchtwiesen und weiterhin, nach Pflanzengesellschaften geordnet, bei beiden Typen spezifische Formen. Zu den Naßwiesen gehören folgende Wiesenformen:

1. Pfeifengraswiesen: ungedüngt; wechselfeuchter Boden; dichte, artenreiche, hochwüchsige Wiese mit hohem Anteil sich spät entwickelnder Stauden.
2. Kleinseggensümpfe: kurzwüchsig; hoher Anteil an Sauergräsern; leicht vermoorte Standorte; hoher Kräuterbestand.
3. Großseggen-Riede: artenarme, dichte Bestände großer Seggen.
4. Binsen- und Simsen-Naßwiesen.

Bei den Feuchtwiesen unterscheidet man:

1. Sumpfdotterblumenwiesen: dicht und hochwüchsig, oft staudenreich.
2. Flutrasen: hoher Anteil kleinwüchsiger Kriechpflanzen in zeitweise überfluteten Mulden und in Flußufern der Niederungen.
3. Mädesüß- und andere Hochstaudenfluren (wie z. B. Kälberkopf- und Engelwurzfluren).

Primärbiotope

Als charakteristische Säugetierart dieser Gebiete ist die **Sumpfmaus** zu erwähnen; ansonsten sind mehrere »Gast-Arten« zu finden. Für folgende **Vogelarten** stellen Feucht- und Naßwiesen Brutplätze dar: Brachvogel, Uferschnepfe, Rotschenkel, Bekassine, Wachtelkönig, Kiebitz, Schafstelze, eventuell Sumpfohreule und Braunkehlchen sowie bei Buschbestand auch für den Feldschwirl. Sind offene Wasserstellen vorhanden, siedeln hier ferner Knäkente, Löffelente, Spießente; bei zusätzlich vorhandenem Schilfbestand auch Teichrohrsänger und Rohrdommel. Zur Nahrungsaufnahme finden sich unter anderem Weißstorch, Wildgänse, Wildschwäne, Kranich, Graureiher und einige Greife ein. Von den **Reptilien** sind vier Arten anzutreffen, und zwar Ringelnatter (bei offenem Wasser) sowie Waldeidechse, Blindschleiche und Kreuzotter. In offenen Wasserstellen der Feucht- und Naßwiesenregion laichen folgende **Amphibienarten**: Grasfrosch, Moorfrosch, Laubfrosch, Molcharten, eventuell Unke; in tiefen Wasserzonen: Teich- und Wasserfrosch, Erdkröte.

Was die unzähligen Arten von Wirbellosen betrifft, seien vor allem die **Libellen** (zum Beispiel Sumpf-Heidelibelle, Kleiner Blaupfeil, Späte Adonislibelle) und die **Großschmetterlinge**, die hier oft in großen Beständen auftreten (zum Beispiel Violetter Perlmutterfalter, Graue Sumpfeule, Weißer Seidenglanzspanner), erwähnt.

Je feuchter die Wiesenfläche bzw. Teile derselben sind, desto bedeutender sind sie für Flora und Fauna. Ein – selbstverständlich – wichtiges Qualitätsmerkmal ist die Größe der Areale. So ist zu bedenken, daß zum Beispiel die Fläche, die ein einziges Brachvogel-Brutpaar benötigt, etwa 20 ha groß ist, ein ausreichendes Jagdrevier eines Weißstorch-Paares noch rund zehnmal größer. Man geht davon aus, daß die Mindestflächenanforderung einer überlebensfähigen Population von feucht- und naßwiesenbewohnenden Groß-Vogelarten 500 ha sein sollte.

Gefährdungsfaktoren

Entwässerung oder Gewässerregulierung bedeuten praktisch das Ende für die dortige Fauna und Flora.

Umgestaltung des Geländes in Ackerland, durch Bodenauftrag oder Aushuberde, aber auch Zuschüttung der feuchten und wasserhaltigen Kuhlen mit Müll oder Bauschutt stehen mit an erster Stelle, wenn es um die Zerstörung von Feucht- und Naßwiesen geht. Bei extensiver landwirtschaftlicher Nutzung kommt es zu Gülle- und/oder Mineraldüngerzufuhr. Als Folge ergibt sich eine Umwandlung in intensiv bewirtschaftetes Grünland, was zu einer Verarmung der Flora und Fauna führt. Ferner erfolgt eine maschinelle landwirtschaftliche Nutzung oft zum falschen Zeitpunkt. Dies führt u. a. zur Zerstörung von Vogelgelegen, und zum Ausfall von für Insektenarten wichtigen Nährstoffpflanzen.

Als weitere Gefährdungsfaktoren bekannt sind:

- Aufforstung, insbesondere die Schnellaufforstung mit raschwüchsigen, nässebevorzugenden oder -toleranten Arten wie Pappeln, Erlen.

Bild 10: Auwälder gibt es bei uns kaum noch. Viele Aussetzungsversuche von Fischarten waren z. B. zum Scheitern verurteilt, weil exakt diese Biotope, die Fische nun einmal benötigen, zerstört sind. Wer eine literarisch bemerkenswerte Schilderung über frühere Auwälder lesen möchte, sollte in Theodor Fontanes »Von Rheinsberg bis Müggelsee« das Kapitel »Das Oderbruch« aufschlagen.

Bild 11: Grasfrösche *(Rana temporaria)* sind die zeitigsten Laicher im Frühjahr. Obgleich Kosmopoliten, verbringen sie den Sommer am liebsten im Wald und in den Waldrandregionen. Befinden sich dort – wie so oft – auch kleinere und größere Gewässer, kann man darin im Frühjahr mitunter Dutzende von Laichballen entdecken. Reine Nadelwälder meidet der Grasfrosch jedoch.

Bild 12: Trockenrasen, hier vorwiegend mit Graslilien, sind besonders für Wirbellose von großer Bedeutung. Aufgrund des hohen Nahrungsangebots sind hier auch viele Reptilien (Zauneidechsen, Schlingnatter) anzutreffen. Mehrere Falterarten haben hier ihren Siedlungsschwerpunkt. Ökologisch besonders interessant ist die – hier abgebildete – Kombination Waldrand/Trockenrasen.

Bild 13: Die Berghexe *(Chazara briseis)* ist eine seltene Falterart, die man als typische Bewohnerin der Trockenrasenregionen bezeichnen kann. Ihre Futterpflanzen sind vor allem Schafschwingel *(Festuca)* und *Sesleria*-Arten. Nur in klimatisch günstigeren Jahren ist sie bei uns häufiger zu sehen.

Bild 14: Heidelandschaft mit Wacholder. Heiden wurden früher rücksichtslos aufgeforstet oder in Ackerland umgestaltet. Heutzutage droht ihnen, man muß es leider sagen, auch Gefahr durch Natur-Touristen, die geschützte Pflanzen pflücken oder diese niedertrampeln.

Bild 15: Kreuzkröten *(Bufo calamita)* verdanken ihren Namen dem Rückenstreifen (auf dem Kreuz). Es handelt sich um eine eher westeuropäische Art, die eng mit den mittel- und osteuropäischen Wechselkröten *(Bufo viridis)* verwandt ist. Beide Arten sind – für Amphibien äußerst ungewöhnlich – resistent gegen Trockenheit, sie suchen sich ihren Sommerlebensraum in kargem, schwachbewachsenem Gelände wie z. B. Heiden und Trockenrasen. Sie sind Pionierlaicher in kleinen und kleinsten Wasserflächen.

Bild 16: Die von Menschen geschaffenen Streuobstwiesen stellen für viele Tierarten eine Art Ersatz für vergleichbare Naturbiotope wie Waldlichtungen, Waldränder u. ä. dar. Sie sind ein Refugium für stark gefährdete Vogel- und Insektenarten. Heute werden häufig keine Hochstammbäume, sondern die »pflegeleichteren« Niederstammkulturen angepflanzt.

Bild 17: Der Wendehals *(Jynx torquilla)*, der sich vorwiegend von Ameisen ernährt, ist fast schon als Charakter-Vogel der Streuobstwiesen zu bezeichnen. Seinen Namen hat er daher, daß er seinen Kopf oft in für Menschen ungewöhnlicher Weise zur Seite dreht. Aufgrund seiner Tarnfärbung ist er auch für das geübte Auge nicht leicht zu erkennen.

Feucht- und Naßwiesen

- Umwandlung vorhandener Kleingewässer durch Ausbaggerung in Fischteiche.

- Wege- und Straßenbau. Hierdurch kommt es nicht nur zur direkten Störung vieler Tierarten, wie etwa von Insekten und Vögeln – die minimalen Raumansprüche von Vögeln werden unterschritten –, sondern auch zur Gefährdung von zum Laichplatz wandernden Amphibien.

- Störungen durch Menschen ganz allgemein, und zwar direkt durch Wanderer, Mountain-Bike-Fahrer, sowie indirekt durch die Anlage von Modellflug- und Sportflugplätzen, die nicht selten in solchen Gebieten angelegt werden.

Erhaltungs- und Schutzmaßnahmen

Es muß darauf hingewirkt werden, daß zukünftig keinerlei Senkungen des Grundwasserspiegels mehr erfolgen; meist geschieht das durch Drainage zum Zweck der Umgestaltung in Acker- oder Bauland; auch die Entwässerung eines Teilgebietes kann zur Senkung des Grundwasserspiegels des gesamten Areals führen!

Von großer Wichtigkeit ist die Schaffung von Pufferzonen gegenüber intensiv bewirtschafteten Bereichen im besonderen und von Menschen frequentierten Gebieten im allgemeinen. Am besten geschieht das dadurch, indem an den Rändern des Geländes eine mindestens 20 bis 30 m breite Busch- und Baumzone geschaffen wird, die aus feuchtigkeitsliebenden, lichten Gewächsen bestehen wollte. Es eignen sich diverse Weidenarten, Erlen und Zitterpappeln; eventuell können auch einzelne Großbäume wie Buchen eingestreut sein. Am preiswertesten ist die Bepflanzung mit Weiden, deren Zweige und Äste einfach in den Boden gesteckt werden können und eine hohe Anwachsgarantie bieten.

In Bereichen, die für die Flora unbedeutend sind, empfiehlt es sich, Kleingewässer und nässestauende Bodenvertiefungen anzulegen. (siehe Abb. 8) Vor allem für Amphibien und Libellen ist dies von Vorteil. Zur Anlage von Kleingewässern wird ein hierfür in Frage kommender Geländeteil bis zu einer Tiefe von 80 cm – ergibt einen absoluten Frostschutz für dort überwinternde Tierarten – ausgegraben, wobei darauf zu achten ist, daß zumindest das Südufer, besser auch noch das West- und/oder Ostufer sanft abfallen. Damit werden unterschiedliche Wassertemperaturen – kühleres Tiefwasser, wärmeres Randwasser – und damit bessere »Aufwärmebereiche« für Insektenlarven und Amphibien geschaffen. Die Größe der Gewässer sollte wenigstens 25 m^2 betragen, mehr Quadratmeter sind selbstverständlich besser, doch sollte man bedenken, daß etwa drei Kleingewässer von 100 m^2 Größe wertvoller sind als ein größeres, das 300 m^2 mißt. Durch die Anlage von mehreren Gewässern erhält man eine höhere Artenvielfalt, vor allem dann, wenn die Gewässer eine unterschiedliche Tiefe, Ufergestaltung und Sonnenexposition besitzen.

Primärbiotope

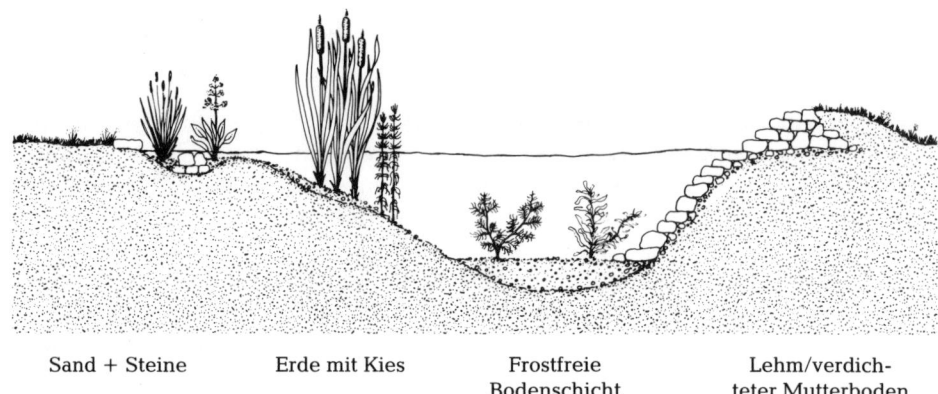

| Sand + Steine | Erde mit Kies | Frostfreie Bodenschicht | Lehm/verdichteter Mutterboden |

Abb. 8: Künstlich geschaffenes Laichgewässer für Grasfrosch, Springfrosch, Grünfrösche, Erdkröte, Knoblauchkröte, Molcharten sowie für Wirbellose. Eine unterschiedliche Ufergestaltung schafft unterschiedliche mikroklimatische Bedingungen, womit es den Tieren (und Pflanzen) selbst überlassen bleibt, welchen Bereich sie – abwechslungsweise – besiedeln (Grünfrösche) und wo sie laichen. Die Steinaufschichtung dient auch als Sonnen- und Jagdplatz für Grünfrösche und Ringelnattern.

Um Bodenvertiefungen, die Nässe stauen können, zu schaffen, reicht es oft schon, mit schweren Fahrzeugen (Traktoren, LKW's) einige Male auf dem Gelände hin und her zu fahren. Dadurch wird der Boden gleichsam versiegelt, und so der Pflanzenwuchs weitgehend verhindert. Für Flachwasserlaicher unter den Amphibien und Wirbellosen reichen schon Bodenvertiefungen von 10 bis 20 cm. Es versteht sich von selbst, daß derartige Eingriffe nur in der Zeit der winterlichen Ruhe von Tieren und Pflanzen, also etwa vom Spätherbst bis zum zeitigen Frühjahr erfolgen können. Der Boden darf dann aber nicht gefroren, sondern muß nachgiebig, gewissermaßen »knetbar« sein.

Auch die Anlage von großen Dauerwasserflächen, die einen Anreiz für wiesenbrütende Vögel darstellen, kann empfehlenswert sein – wobei natürlich darauf geachtet werden muß, daß die Flora durch die dafür nötigen Baggerarbeiten nicht beschädigt wird. Rein faunistisch gesehen, sind im günstigsten Fall 1000–5000 m^2 Freiwasserfläche pro 5 ha Feuchtwiesenareal anzustreben. Eine derartige Neuanlage darf aber in gar keinem Fall auf der Basis einer einfachen Erweiterung bereits vorhandener Kleingewässer erfolgen, weil dadurch den Amphibienarten, die die Kleingewässer brauchen, großer Schaden zugefügt wird.

Keine Beweidung – wegen der Trittempfindlichkeit des Bodens! Feuchtgelände kann und sollte wegen der möglichen Verbuschung ein bis zweimal pro Jahr gemäht werden, dies aber nicht vor Ende Juni. Pfeifengraswiesen sollten nicht häufiger als im Turnus von drei Jahren gemäht werden, Kleinseggensümpfe noch seltener oder überhaupt nicht. Für Großseggenriede und Hochstaudenfluren gilt, daß ein Mähen im Abstand von drei bis fünf Jahren möglich, oft auch sinnvoll ist. Wesentlich ist stets, daß das Mähgut vollständig abgeführt wird, da es ansonsten zu Überdüngung kommen kann.

Feucht- und Naßwälder

In den letzten Jahren ist die Bedeutung der immer seltener gewordenen Feucht- und Naßwälder vor allem durch den Bau des Rhein-Main-Donau-Kanals im bayerischen Altmühltal ins Bewußtsein einer größeren Öffentlichkeit gerückt. Durch diese, äußerst umstrittene, industrielle Maßnahme kommt es zur weitgehenden Zerstörung einer bedeutenden Auwaldzone mitsamt ihres viele seltene Arten aufweisenden Flora- und Faunabestandes.

Unter Feucht- und Naßwäldern versteht man Waldbestände mit ganzjährig bzw. periodisch hohen Grundwasserständen. Man unterscheidet zwischen zwei Hauptformen:

1. Auwälder, die sich vor allem am Mittellauf der Flüsse gebildet haben. Sie zeichnen sich durch starke Wasserstandschwankungen mit tiefem Grundwasserstand und regelmäßigen jährlichen Überschwemmungen aus. Sie sind reich an Tümpeln und Altwassern, die Sand-, Kies- und Lehmbänke aufweisen. Eine noch detailliertere Unterscheidung ist die zwischen Weichholzauen (Weiden, Grau- und Schwarzerlen auf nassen, regelmäßig und lange überfluteten Schwemmböden) und Hartholzauen (Eschen, Ulmen, Stieleichen, Hainbuchen, Ahorn auf relativ höher gelegenen Schwemmböden).

2. Sumpf- und Bruchwälder, die im Frühjahr meist längere Zeit überstaut sind, und deren Grundwasser ganzjährig hoch ist. Detaillierter unterschieden werden hier Erlenbruchwälder oder Erlen-Eschen-Naßwälder und Birken- oder Birken-Kiefern-Bruchwälder, auf Standorten mit sehr nährstoffarmem Grundwasser.

Was die Fauna der Au- und Sumpfwälder betrifft, so gibt es sehr viele Überschneidungen; die Unterschiede zwischen beiden Zonen sind vor allem durch den Grad der Staunässe bestimmt. Grundsätzlich gilt, daß Feucht- und Naßwälder vor allem für Insekten wichtig sind. Es finden sich im einzelnen:

– Arten mit Bindung an hohen Wasserstand, zum Beispiel einige Wirbellose, Käfer- und Kurzflüglerarten;
– aquatische oder amphibische Tümpelbewohner; dazu gehören Schwimmkäfer, Grasfrosch, Moorfrosch, Ringelnatter, eventuell Sumpfschildkröte;
– Waldarten, darunter diverse Käferarten, die von speziellen Bäumen abhängig sind, aber auch solche, die auf die Biotop-Kombination Wald-Wasser spezialisiert sind, wie Biber, Reiher und Kormoran;
– an Röhricht gebundene Arten, wie zum Beispiel Zipfelkäfer, Rohrkäfer, Marienkäfer, sofern dieses vorhanden ist;
– Arten, die direkt von Begleitpflanzen abhängen (einige Käfer);
– in Auwäldern auch Arten der Sand- und Kiesbänke, die auch für Flußufer sind (einige Laufkäferarten).

Primärbiotope

Gefährdungsfaktoren

Die größte Gefahr droht natürlich durch die Entwässerung bis hin zur vollständigen Trockenlegung. Auch hier gilt wie bei den Feuchtwiesen: eine Teilentwässerung geht auf Kosten des Gesamten. Jegliche Dammkanten, Dach- und Flußregulierungen, sowie Kanalisation sind dazu angetan, das natürliche Feuchtigkeitsgleichgewicht massiv zu stören. Die Umwandlung in landwirtschaftliche Nutzflächen oder Forste ist deshalb ebenso abzulehnen wie die Überstauung zum Zweck der Anlage von Fischteichen, das Zerstören der Kiesansammlungen durch Abbau oder das Auffüllen der Altwässer.

Erhaltungs- und Schutzmaßnahmen

Unbedingte Unterschutzstellung der letzten Bestandsreste!
 Bruchwälder sollten zumindest teilweise mit Wasser überstaut blieben bzw. wieder werden. Entwässerungsgräben müssen geschlossen werden. Bei Auwäldern sollte die natürliche Fließgewässerdynamik erhalten bleiben.
 Oberstes Gebot ist die Wiederherstellung ehemals natürlicher Verhältnisse.

Trocken- und Halbtrockenrasen

Beschreibung

Trocken- und Halbtrockenrasenregionen zeichnen sich durch »mageren«, sandigen, kiesigen oder felsigen Boden aus – ein nach landwirtschaftlichen Kriterien »schlechter« Untergrund, der nur extensiv, zum Beispiel als Schafweide, manchmal aber auch gar nicht genutzt werden kann. Diese Rasenformen besitzen einen hohen Anteil an Kräutern, die eine große Menge von Insekten anlocken. Die Mehrzahl der Pflanzen in diesen Biotopen erreicht ihren Blütehöhepunkt erst im Spätsommer, während dieser bei den Pflanzengesellschaften der Fett- und Feuchtwiesen meist schon im Mai liegt. Charakteristische Pflanzenarten der Trocken- und Halbtrockenrasen sind unter anderem (bedrohte) Orchideenarten, Enzian, Taubenskabiose, Sonnenröschen, Klappertopf, Aufrechte Trespe, Silberdistel. Man unterscheidet nach pflanzensoziologischen Gesichtspunkten zwischen folgenden Typen der Trocken- und Halbtrockenrasen, die sich aber vielfältig überschneiden:

1. Sandtrockenrasen; kennzeichnend sind hier Silbergrasfluren, Blauschillergrasfluren, Grasnelken-Schafschwingelfluren.

2. Felsgrus- und Felsbandfluren; sie sind reich an Mauerpfeffer und Fetthenne; kurzhalmige Gräser auf flachgründigen Böden an Felssteilhängen zählen ebenfalls hierher.

3. Steppenrasen; dazu gehören Federgrassteppen auf extrem warmen Fels- und Sandstandorten im Rhein-Main-Gebiet, Regnitzbecken, Harzvorland.

4. Trespentrockenrasen, darunter »Echter Trockenrasen«, der lückige Rasen auf extrem trockenwarmen Felshängen in Süddeutschland und Halbtrockenrasen auf tiefergründigeren Böden mit besserer Wasserversorgung.

Besonders bemerkenswert und augenfällig ist, wie erwähnt, der große Reichtum an Wirbellosen in Trocken- und Halbtrockenrasengebieten, sowohl was die Populationsdichte als auch was die Artenzahl betrifft. Man denke nur an die zahlreichen Arten von Heuschrecken, pflanzenfressenden Käfern, Wanzen, Zikaden, Netzflüglern und Ameisen. 40 % aller gefährdeten heimischen Tagfalterarten haben hier ihren Siedlungsschwerpunkt.

Zwei Beispiele aus Niedersachsen und Bayern: In Niedersachsen stellt der Biotop-Typ Trockenrasen nur 0,02 % der gesamten Landesfläche dar. Innerhalb dieses geringen Bereichs leben aber ein Sechstel der gefährdeten **Gefäßpflanzenarten**, ein Viertel der gefährdeten **Landschneckenarten**, ein Drittel der gefährdeten **Heuschreckenarten** und die Hälfte aller gefährdeten Heuschrecken- und Grillenarten dieses Bundeslandes. Eine Untersuchung aus Bayern ergab, daß allein 38 % der dort bedrohten **Farn- und Blütenpflanzenarten** in Trockenrasen vorkommen, obgleich diese nur 0,26 % der Landesfläche einnehmen.

Schwieriger ist eine Bestandsaufnahme der Wirbeltiervorkommen, da diese ja kaum streng an Trockenrasen gebunden sind, was damit zusammenhängt, daß Wirbeltiere größere Raumansprüche haben, Trockenrasengebiete aber meist nur kleinflächig sind. Als »Gäste«, vom hohen Nahrungsangebot angelockt, spielen sie dennoch in der Trockenrasen-Ökologie eine wichtige Rolle. Erwähnenswert sind von den Vertretern der Reptilien vor allem die stark bedrohten, auf sehr warme Standorte angewiesenen **Smaragdeidechsen** und **Mauereidechsen**, wobei die erstere Art durchaus buschreiches Gelände akzeptiert, die zweite jedoch vegetationsarme, ansteigende Bereiche bevorzugt. Die **Äskulapnatter**, die in einigen Teilen Süddeutschlands vorkommt, benötigt als Unterschlupf Buschbestände. Darüber hinaus sind Zauneidechsen sowie die reptilienfressenden Schlingnattern anzutreffen.

Gefährdungsfaktoren

Trocken- und Halbtrockenrasen werden durch den Abbau von Sand, Kies und Stein zerstört.

Im Rahmen von Flurbereinigungsprogrammen werden diese Gelände oft vollständig beseitigt. Die »Verbesserung« der Bodenstruktur im landwirtschaftlichen Sinn durch das Einbringen von Humus, Dünger und Gülle, was die Umgestaltung in intensiv bewirtschaftetes Grünland oder Äcker zur Folge hat, ist in Wirklichkeit eine Verschlechterung.

Einzäunung von Rasenbeständen, um sie von Rindern beweiden zu lassen, führt zu Bodenvernichtung, Tritt- und Verbißschäden.

Primärbiotope

Vor allem in der Nähe von Weinbergen führt das dort gespritzte und »verwehte« Gift zu einem erheblichen Rückgang der Flora und der Wirbellosen – mit allen damit verbundenen Auswirkungen auf deren Freßfeinde.

Schließlich sei auch noch auf einen Gefährdungsfaktor besonderer Art hingewiesen, der gerade für diese Biotope nicht selten von Bedeutung ist: es geht um sogenannte Naturfreunde. Die eine Gruppe, die »Blumenliebhaber«, pflücken oft alle möglichen Blütenpflanzen, um sie daheim in die Vase zu stecken und zertreten dabei obendrein noch viele andere Pflanzen; die andere Gruppe, die »Blumenkenner«, gräbt Orchideen und andere seltene Arten mit Stumpf und Stiel aus, um sie im eigenen Garten in einem dazu meist völlig ungeeigneten Boden wieder einzupflanzen.

Erhaltungs- und Schutzmaßnahmen

Keinerlei Düngung dieser von Natur aus stickstoffarmen Böden! Deshalb ist nach einem eventuellen Mähen auch die Abfuhr des Mähgutes obligatorisch.

Um einer möglichen Verbuschung vorzubeugen, sollten je nach Bedarf Rodungsarbeiten durchgeführt werden, und zwar generell an der Süd-, Südost- und Südwestseite, punktuell an der Ost- und Westseite.

Sinnvoll erscheint auch die zusätzliche Einbringung von größeren Lesesteinhaufen in Sonnenlage, die für einige Wirbellose und Reptilien als Aufenthalts- und Sonnenplatz dienen.

Heiden

Beschreibung

Charakteristisch für Heidelandschaften ist das weitgehende Fehlen oder nur sporadische Vorhandensein von Großbäumen. Die dichte Zwergstrauchdecke verhindert meist das Aufkommen von Baumschößlingen, abgesehen von dem viele Heidegebiete prägenden Wacholder. Die wichtigsten Zwergsträucher sind Heidekraut (Calluna), Krähen-, Heide- und Preiselbeere sowie verschiedene Ginsterarten. Heiden sind von Natur aus auf waldfreie Standorte wie Kliffküsten, Dünen, Moorränder, Felsmeere und Lagen jenseits der klimatisch bedingten Waldgrenze im Gebirge beschränkt. Nach den jeweils vorherrschenden, das Heidebild bestimmenden Pflanzenarten unterscheidet man zwischen:

1. Heidekraut-(Calluna-)Heide
2. Krähenbeer-Heide
3. Glockenheide-Sumpfheide
4. Krähenbeer-Rauschbeer-Heide
5. Feuchte und trockene Sandheide

6. Heidekraut-Bergheide
7. Alpenrosen-Heide
8. Alpenazaleen-Windheide

Ebenfalls üblich ist es, lediglich zwei verschiedene Heideformen zu unterscheiden. Diese Gliederung richtet sich vor allem nach geographischen Gesichtspunkten: Man differenziert dann zwischen alpinen und subatlantischen Heiden.

Das alpine Heidegebiet an der Kältegrenze des Waldes entspricht den erwähnten Alpenrosen- und Alpenazaleen-Heiden, wobei die Pflanzengesellschaften der letzteren niedrige Temperaturen aushalten – die Azalee selbst zum Beispiel Temperaturen sogar noch unter −40°C. In der nachstehenden Auflistung sind einige typische Wirbeltierarten erwähnt, einschließlich der von ihnen maximal besiedelten Höhenlage. Dabei ist allerdings zu bedenken, daß einige dieser Arten nicht primär von den dortigen botanischen Verhältnissen, sondern eher von der Höhenlage und den geologischen Umständen profitieren. Sie sind mit »*« bezeichnet. Würde man allerdings alle dort lebenden Arten aufführen, käme man auch mit dieser Trennung nicht weit: das Murmeltier profitiert z. B. von beiden Gegebenheiten. Zudem zeigen viele Arten eine Ausbreitungstendenz zu benachbarten Biotopen, sind also in den Heiden eher Gäste, wenn auch auffallende. Unter Berücksichtigung dieser Einschränkungen können folgende Arten als »typisch« gelten:

Alpensalamander (3000 m), Kreuzotter (3000 m), Alpenspitzmaus (3000 m)*, Alpenfledermaus (2500 m)*, Gemse (2500 m)*, Murmeltier (2500 m), Schneehase (3500 m)*, Birkhuhn (1800 m), Auerhuhn (1800 m), Alpendohle (3500 m)*, Tannenhäher (2300 m), Alpenbraunelle (2800 m)*, Schneefink (3500 m)*, Berglaubsänger (2000 m), Haselhuhn (1700 m), Gebirgsstelze (2300 m).

Das subatlantische Heidegebiet setzt sich aus den anfangs genannten Zwergstrauchgesellschaften zusammen. Diese Gebiet wird ferner noch in Küstenheiden und Binnenheiden untergliedert. Aufgrund ihrer besonderen klimatischen und geologischen Bedingungen, wegen ihrer geringen Nutzungsintensität und auch teilweise wegen ihrer abgeschiedenen Lage beherbergen vor allem subatlantische Heidegebiete eine ganze Reihe gefährdeter Tierarten. So sind mehrere **Insektenarten** an Heidekräuter und deren Begleiter als Nahrungspflanzen gebunden. **Pflanzenfressende Wirbellose der Heidegebiete** sind z. B. Heideschrecke, Schwärzliche Erdeule, Heide-Bürstenbinder, Sandbiene, Wald-Sandlaufkäfer. Darüber hinaus sind **räuberisch lebende Insekten und Spinnen** in größerer Artenzahl vorhanden.

Von der dortigen Baumarmut in der Kombination mit sandigem Boden profitieren die **Vogelarten** Brachpieper, Steinschmätzer, Ziegenmelker, Schwarzkehlchen. Als Vertreter der **Reptilien** sind Zauneidechsen und Schlingnatter zu nennen.

In der Nachbarschaft von feuchteren Senken und Mooren können sich Brachvogel, Sumpfohreule, Wiesenweihe oder Goldregenpfeifer ansiedeln. Was die Amphibien betrifft, so kann man Moorfrosch, Grasfrosch, in höheren Lagen Bergmolch, Fadenmolch, den nicht ans Wasser gebundenen Alpensala-

Primärbiotope

mander, in tieferen Lagen Kammolch und Teichmolch antreffen. An Reptilien treten dort Kreuzotter, Bergeidechse und Blindschleiche auf.

Wie schlecht es allgemein um den Bestand der Heiden bestellt ist, zeigt anschaulich das Beispiel Schleswig-Holstein, das stellvertretend für andere stehen soll: Von den 258 000 ha Heidefläche im Jahr 1780 sind heute noch 0,2 % übrig!

Gefährdungsfaktoren

Eine wesentliche Gefährdung der – bekanntlich – wirtschaftlich nutzlosen Heideflächen stellt die Aufforstung dar, durch die der Heide-Charakter vollständig zerstört wird. Dasselbe Ergebnis bringt die Umgestaltung der Heiden in Grün- und Ackerland mit sich. Die damit verbundene Düngung des Geländes trägt zum völligen Verschwinden der Heide-Flora bei.

Sandabgrabungen führen zu einer Beschädigung und Verkleinerung des Areals.

Motocross- und Mountain-Bike-Fahrer, die sich auf Heideflächen ungestört »austoben« wollen, richten ebenfalls große Schäden an.

Leider stellen die oft weitläufigen, dem Laien als öd und leer erscheinenden Heideflächen für das Militär immer wieder bevorzugte Übungsplätze dar. Der Einsatz schwerer und schwerster Maschinen trägt dazu bei, daß an vielen Stellen über Jahre hinaus »kein Gras mehr wächst«; von diesen Fahrzeugen abgelassenes Öl und Benzin dringen nicht nur ins Grundwasser ein, sondern schädigen Pflanzen gleich vor Ort; ganz zu schweigen vom Lärm, der die Tierwelt verscheucht.

Erhaltungs- und Schutzmaßnahmen

Hier ist im Grunde nur eines möglich, und zwar die vollständige Unterschutzstellung der letzten noch vorhandenen Heideflächen, was auch ein Verbot des Bewanderns und Befahrens beinhalten sollte. Leider, so zeigt jedoch die Erfahrung, wurden und werden auch unter Schutz gestellte Heideflächen immer wieder von Militärs heimgesucht. Diese Manöver haben offenbar vor den Interessen des Zivilrechtes Vorrang.

Streuobstwiesen

Beschreibung

Hierunter versteht man grasige Flächen mit (vornehmlich hochstämmigen) Obstbaumarten, die keiner intensiven Nutzung, also Spritzung, Düngung, Schnitt unterliegen und einzeln oder in Gruppen gepflanzt sind. Ökologisch sind diese Areale etwa lichten Feldgehölzen oder Einzelbäumen vergleichbar.

Dieser Biotop-Typ zeichnet sich durch einen hohen Arten- und Individuenreichtum aus.

Charakteristische Blütenpflanzen der Streuobstwiesen sind Margeriten, Klee, Glockenblumen, Storchschnabel, Veilchen, Primeln, Herbstzeitlose und mitunter auch Orchideen.

Wirbellose sind in großer Zahl vertreten, und einige **Käfer- und Schmetterlingsarten**, z. B. Großer Fuchs, kommen hier oft in größeren Mengen vor.

Besonders bedeutsam sind die Obstbaumbestände für **Vögel**, und zwar sowohl als Ansitz für Greife als auch als Singwarte und als Schutz vor Feinden und Witterung. Fast schon als Charakterarten für Obstbaumwiesen gelten die höchstgradig bedrohten Schwarzstirn- und Rotkopfwürger; auch andere stark gefährdete Arten wie Wiedehopf, Raubwürger, Neuntöter, Wendehals, Steinkauz, Turteltaube, Grünspecht und Grauspecht haben hier einen ihrer letzten Siedlungsschwerpunkte.

Was die Säugetiere dieses Biotops angeht, so sind vor allem die **baumbrütenden Fledermausarten** wie Abendsegler, Bechstein- und Fransenfledermaus hervorzuheben, ferner Garten- und Siebenschläfer. Die oft hohen Bestände von Wühlmäusen locken Marder, Hermelin, Wiesel und Fuchs an.

Gefährdungsfaktoren

Das größte Problem stellen umfassende Rodungsmaßnahmen dar. Um den Rückgang der Obstbaumwiesen zu dokumentieren, sollen hier exemplarisch die entsprechenden Zahlen Baden-Württembergs genannt werden. Die Gesamt-Obstbaufläche dieses Bundeslandes betrug 1857 rund 130 000 ha. Davon wurden zwischen 1957 und 1974 14 382 ha Streuobstfläche mit Landesmitteln gerodet und von 1970 bis 1973 weitere 1722 ha Kernobst-, Streu- und Mischpflanzungen mit EG-Prämien beseitigt. Die Tendenz scheint also dahinzugehen, daß die Streuobstflächen schließlich ganz verschwinden, da kaum noch neue Streuobstbäume gepflanzt werden.

Häufig werden Streuobstwiesen auch durch Intensiv-Obstplantagen ersetzt, wobei diese in der Regel aus »pflegeleichten« Niederstammkulturen bestehen. Das führt zu einer vollständigen Vernichtung des spezifischen Streuobstwiesen-Biotopcharakters. So übertrifft z. B. die Zahl der Spinnenarten einer Obstbaumwiese die einer Obstplantage um 85 %, und die Zahl der Laufkäferarten ist um 50 % höher.

Umgestaltung in intensiv genutztes Grünland und Äcker spielen ebenfalls eine Rolle.

Erhaltungs- und Schutzmaßnahmen

— Vermeidung jeglichen Gifteinsatzes.

— Keine Stickstoffdüngung, die einen erheblichen Rückgang der Wirbellosen — Insekten, Ameisen — mit sich bringt, was wiederum zu einer deutlichen Abnahme des Vogelbestandes führt.

Primärbiotope

- Ständiges Nachpflanzen von Obstbäumen.

- Die vorhandenen Streuobstflächen sollten möglichst großflächig erweitert werden. Man muß bedenken, daß allein schon ein Grünspechtpaar etwa 50 ha als Nahrungsfläche benötigt. Wo nur möglich, sind Zusatzpflanzungen auf geeignetem Gelände durchzuführen. Hierbei ist auf eine ausschließliche Verwendung von ortsüblichen Baumsorten zu achten. Derartige Neuanpflanzungen sollten nicht in der Nähe stark frequentierter Straßen unternommen werden.

- Unbedingt erhalten bleiben sollte ein gewisser Anteil an Altbäumen, auch an dickstämmigem, kränkelndem Holz und Totholz, da es sich hierbei um wichtige Bereiche für Vögel, Fledermäuse und Wirbellose handelt, die sowohl Nistplätze als auch Nahrung bereitstellen.

Baumgruppen, Einzelbäume, Altholzbestände

Beschreibung

Baumgruppen und Baumreihen, die sich teils aus gleichen, teils aus unterschiedlichen Arten (meist vergleichbaren Alters) zusammensetzen, weisen aufgrund ihrer Struktur und ihres Biotopwertes gewisse Ähnlichkeiten mit Streuobstwiesen auf.
  Einzeln stehende, alte, hochgewachsene Großbaumarten, die aufgrund fehlenden Konkurrenzdrucks ausladender und mächtiger als gleichaltrige Waldbäume sind, sind hochgradig schützenswert, sind sie doch ein bedeutsames Refugium für Wirbellose und als Nistplätze für Vogelarten unentbehrlich.
  Kopfweiden schließlich sind ein ausschließlich vom Menschen geschaffenes, quasi »domestiziertes« Habitat. Die Weiden beherbergen eine hohe Anzahl an Wirbellosen, allein über 100 Käferarten, und können zudem vom Steinkauz als Brutplatz angenommen werden.
  Grundsätzlich gilt für Einzelbäume und Baumgruppen: Je älter, dicker und mulmreicher die Stämme sind, desto bedeutsamer sind sie für die Fauna.

Gefährdungsfaktoren

An erster Stelle steht hier die ersatzlose Rodung, denn auch gleichzeitig durchgeführte Neuanpflanzungen können die ökologische Funktion von Altholzbeständen erst nach Jahrzehnten übernehmen.
  Nicht nur untauglich, sondern im hohen Grad nachteilig sind die bekannten Sanierungsmaßnahmen. Vor allem unter Denkmalschutz stehende Einzelbäume werden nicht selten auf eine Art und Weise »saniert«, daß die ehema-

lige ökologische Bedeutung des Baumes völlig verlorengeht. Durch peinliches Herauskratzen allen Mulms und nachfolgendes Zubetonieren bleibt der Baumkörper zwar mumiengleich erhalten, besitzt aber keinerlei faunistisch bedeutsame Funktion mehr.

Bäume, die an Straßen stehen, werden auch durch Auftausalze geschädigt.

Erhaltungs- und Schutzmaßnahmen

Wenn möglich, sollten Baumsanierungen ganz unterlassen werden. Ist dies aus Sicherheitsgründen, z. B. wegen der Straßennähe, nicht möglich, sollten zumindest einige Höhlen und Mulmzonen im Bauminnern erhalten bleiben. Ist auch dies nicht erreichbar, sollten die Lebensraumverluste dadurch ausgeglichen werden, daß mehrere Meter lange Stammabschnitte an anderer Stelle, und zwar in Gegenden, wo sie jahrelang erhalten bleiben können, wieder aufgestellt werden. Im übrigen sollte das bei Baumsanierungen entfernte Altholz nicht verbrannt, sondern über Jahre hinaus – Abschluß der Entwicklung der im Holz lebenden Fauna –, möglichst sogar unbegrenzt lange gelagert werden.

Neue Bäume, wobei vor allem Eichen, Buchen, Linden, Ulmen, Weiden für die Fauna besonders wertvoll sind, sollten angepflanzt werden.

Sinnvoll ist es auch, falls nicht vorhanden, in Nachbarschaft zu Baumgruppen und Einzelbäumen Blütenpflanzen, vor allem Doldenblütler, anzusäen. Darauf ist ein Großteil der sich als Larve im Baumstamm entwickelnden Insekten angewiesen, sobald das letzte Entwicklungsstadium erreicht ist.

Hecken und Gebüsche

Beschreibung

Strauchgürtel, in die zum Teil auch Bäume eingestreut sein können, stellen mancherorts einen gewissen Ersatz für nicht mehr vorhandene Laubwaldgebiete bzw. vor allem für deren Randzonen dar – zumindest wenn sie möglichst lang und breit sind. Was ihren ökologischen Wert betrifft, so werden Hecken deshalb auch häufig als zwei zusammengelegte Waldränder bezeichnet. Hecken lassen sich in vielzählige Typen und Untertypen untergliedern, und zwar je nach den geologischen, geographischen und klimatischen Gegebenheiten. Botanisch unterscheidet man aber zwischen vier Haupttypen, die im folgenden genauer beschrieben werden.

1. Niederhecke: Dies sind entweder junge, oft aus Dorngebüsch bestehende Hecken, oder aber ältere, floristisch artenreichere, regelmäßig gestutzte Hecken von 1 bis 2 m Höhe.

2. Hochhecke mit Niederstrauchschicht: Die Niederstrauchschicht ist ähnlich zusammengesetzt wie die Niederhecke; einige Sträucher aber wachsen darüber hinaus, etwa Mehlbeere, Holunder, Kreuzdorn, Schneeball, Hasel. Diverse Baumarten, z. B. Ahorn, Esche, Erle, Pappel, Zitterpappel, kommen entweder in Strauchform oder bereits als eingestreute Bäume vor (siehe Abb. 9).

3. Hochhecke ohne Niederstrauchschicht: Die Niederstrauchschicht wurde entweder geschnitten oder vom Weidevieh verbissen.

4. Baumhecke: Sie kommt als reine Baumreihe vor, z. B. aus Esche, Erle, Ahorn, Eiche, Hainbuche bestehend, oder aber mit einer Hoch- und/oder Niederstrauchschicht.

In den Hainbuchenknicks Schleswig-Holsteins wurden rund 1500, in Feldhecken Süddeutschlands etwa 900 Tierarten festgestellt, wobei natürlich der Hauptanteil auf Insektenarten entfällt.

Die die Hecken begleitenden Kräuterarten sind häufig dieselben wie die des Waldes, vor allem der Waldrandzone, also z. B. Buschwindröschen, Maiglöckchen, Lerchensporn, Aronstab, diverse Süßgräserarten. Gleiches trifft auf die Fauna zu; so stellen bei den Laufkäfern bis zu 94 % aller vertretenen Arten Waldbewohner dar. Hecken und Gebüsche besitzen vielfältige ökologische Funktionen.

Sie fungieren nicht nur als Ansitz- und Singwarte für Vögel, sondern stellen auch Nistplätze bereit. Sie bieten zahlreichen Tierarten Deckung und Schutz vor Witterung und Feinden. Aufgrund des Windschutzes verlängern sich Aktivitäts- und Fortpflanzungszeit der Wirbellosen. Der Südrand von Hecken bietet im Frühjahr die Gelegenheit zu vorzeitiger Aktivität und erlaubt auch längere Aktivitätszeiten im Herbst, wenn es anderswo schon zu kalt ist. Bei Feldbearbeitungen weichen ferner viele Arten vorübergehend in Hecken aus. Unterschlupf und Nahrung finden hier diverse Säuger wie Igel, Hermelin, Spitzmäuse, Wiesel sowie Amphibien und Reptilien wie Grasfrosch, Erdkröte, Feuersalamander, Blindschleiche, Waldeidechse. Hier ist auch noch die Bedeutung der Hecken für nahrungssuchende Blütenbesucher wie Schmetterlinge und Schwebfliegen, für Blattlausjäger – diverse Wespenarten – und für samen- und fruchtverzehrende Singvögel zu erwähnen. Besonders wichtig sind Hecken auch als Überwinterungsquartier für Feldtiere. Untersuchungen ergaben, daß rund 86 % der Feldkäferarten die Bodenstreu der Hecken hierfür nutzen. Grundsätzlich sorgen Hecken für eine Erhöhung der Strukturvielfalt im offenen Gelände. Dies ist ein wichtiger Aspekt für viele Arten, die reich strukturierte Agrarlandschaften bevorzugen, so z. B. für Feldhase, Hermelin, Mauswiesel, Grauammer, Schafstelze, Mäusebussard, Turmfalke, Waldohreule, Rebhuhn – wobei für die letztere Art die durch Hecken erzielte Untergliederung der Landschaft in jeweilige Territorien entscheidend für die Bestandsdichte ist. Hecken sind also in dreierlei Hinsicht für die Fauna von Bedeutung: als Ganzlebensraum, Teillebensraum und Nahrungsreservoir.

Die auffallendsten Vertreter der Heckenfauna sind sicherlich die dort zahl-

Hecken und Gebüsche

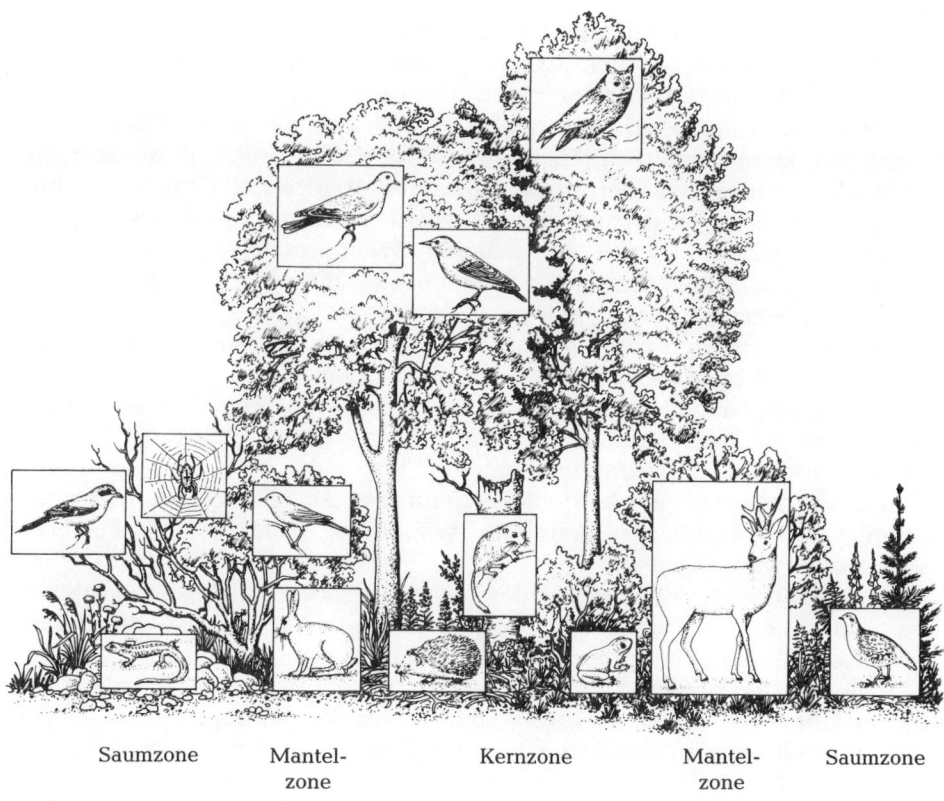

| Saumzone | Mantel-zone | Kernzone | Mantel-zone | Saumzone |

Abb. 9: Profil eines größeren Feldgehölzbereichs (Barth, 1987, verändert).
Die Saumzonen stellen dar: Sitzplätze für Lauerjäger (z. B. Raubwürger), Dickicht für Fallensteller (z. B. Kreuzspinne), Nistplätze für Bodenbrüter (z. B. Rebhuhn), Sonnenplätze für Reptilien (z. B. Zauneidechse).
Die Mantelzonen bieten: Deckung für Niederwild (z. B. Hase), Äsung für Niederwild (z. B. Reh), Nistplätze für Buschbrüter (z. B. Dorngrasmücke).
Die Kernzone hat folgende ökologische Nischen: Nistplätze für Baumbrüter (z. B. Ringeltaube), Baumhöhlen für Höhlenbrüter (z. B. Star), Schlafplätze für Nachtaktive (z. B. Waldohreule), schattige Verstecke für Amphibien (z. B. Erdkröte), Winterquatiere für Kleinsäuger (z. B. Haselmaus), Kinderstuben für Kleinsäuger (z. B. Igel).

reich anzutreffenden **Vogelarten**. Die Vogelarten lassen sich nicht ohne weiteres den eingangs erwähnte botanischen Unterscheidungsformen der Heckentypen zuordnen. Eine Goldammer z. B., als Vertreter der Bodenbrüter, brütet in Hecken mit Strauchschichten; die Heckenhöhe spielt dabei keine Rolle. Elstern dagegen kommt es keineswegs auf Strauchschichten an; für sie ist die Höhe der Hecke ausschlaggebend. Beide können also durchaus in ein- und derselben Hecke brüten, wenn die Bedingungen dieser Arten erfüllt sind. Im übrigen sind Hecken Biotope, die sich viel zu schnell wandeln, als daß man eine genaue Auflistung ihrer jeweiligen Bewohner geben könnte.

Grob läßt sich jedoch zwischen zwei Heckenbereichen unterscheiden, die für jeweils andere Vogelarten von Wichtigkeit sind.

Primärbiotope

Der Bereich über dem Boden, d. h. Baumkronen und Büsche, liefert für eine Nistplätze und teilweise auch Nahrung. Arten, die diesen Bereich auch zur Nahrungssuche nutzen, sind im folgenden mit (N) gekennzeichnet.

Vorwiegend brüten hier: Beutelmeise (N), Schwanzmeise (N), Klappergrasmücke (N), Dorngrasmücke (N), Mäusebussard, Turmfalke, Rotrückenwürger, Raubwürger, Wacholderdrossel, Bluthänfling, Elster, Rabenkrähe; regelmäßig brüten hier: Grauschnäpper (N), Mönchsgrasmücke (N), Gartengrasmücke (N), Gelbspötter (N), Ringeltaube, Waldohreule, Amsel, Buchfink, Grünfink, Distelfink, Girlitz; gelegentlich brüten hier: Heckenbraunelle (N), Singdrossel, Wespenbussard, Schwarzmilan, Rotmilan.

Im wenige Zentimeter hohen Pflanzendickicht knapp über oder direkt auf dem Boden brüten vorwiegend: Goldammer, Grauammer, Fasan, Rebhuhn; regelmäßig brüten hier: Nachtigall (N), Feldschwirl (N), Sumpfrohrsänger (N), Rohrammer (N); gelegentlich brüten hier: Zaunkönig (N), Fitis (N), Zilpzalp (N), Rotkehlchen (N), Braunkehlchen.

Ohne spezifisch an Heckenbiotope gebunden zu sein, brüten hier unter anderem gerne: Hohltaube, Steinkauz, Wiedehopf, Wendehals, Kleinspecht, Gartenrotschwanz, Star.

Bei Vorhandensein entsprechender Nistbäume (auch Nistkästen) brüten in Hecken ferner auch: Buntspecht, Trauerschnäpper, Sumpfmeise, Blaumeise, Kohlmeise, Kleiber, Gartenbaumläufer, Feldsperling.

All diese Arten begeben sich in Hecken, Bäumen und in den Pflanzen des Heckensaumes auch auf Nahrungssuche. Nur als Nahrungsareal werden Hecken von folgenden Vogelarten genutzt: Erlenzeisig, Birkenzeisig, Gimpel, Kernbeißer (Samen), Eichelhäher, Tannenhäher (Nüsse); Seidenschwanz, Gimpel, Drossel- und Grasmückenarten auf dem Zug (Beeren); Kuckuck, Blaukehlchen, Rohrsänger- und Laubsängerarten auf dem Zug (Insekten).

Gefährdungsfaktoren

Die Totalbeseitigung der Hecken ist hier in erster Linie zu nennen. In Schleswig-Holstein z. B. wurde der Heckenbestand zwischen 1950 und 1979 um ein Drittel verringert.

Es kann auch zum Verlust des »Hecken-Charakters« kommen, wenn Bäume, die nicht von Zeit zu Zeit geschnitten werden, allmählich die Straucharten unterdrücken.

Das Abmähen der Krautvegetation führt, wenn dies schon im Frühjahr oder Sommer geschieht, zur Vernichtung der Vegetation am Fußteil der Hecke und damit auch zur Austrocknung des Heckenbodens.

Schließlich ist auch noch der Verbiß durch Weidevieh zu erwähnen.

Erhaltungs- und Schutzmaßnahmen

Standortgerechte und abwechslungsreiche Zusammensetzung der Straucharten sollte obligatorisch sein! Je größer die Mannigfaltigkeit der Lebensbedingungen, desto artenreicher die Tierwelt!

Von Vorteil sind mehrreihige, zumindest zweireihige Gehölzpflanzungen. Breite, dichte Hecken sind stets vogelreicher als schmale, lichte Heckenstreifen, da in ihnen ein günstigeres Kleinklima herrscht. Dies ist auch speziell für Wirbellose ein wesentliches Kriterium. Nachforschungen ergaben, daß ein 590 m langer Heckenstreifen von nicht mehr Vögeln bewohnt wurde als ein nur 100 m langer Doppelknick. Der letztere erwies sich noch dazu als um 50 % artenreicher.

Um Säugern, Amphibien und Reptilien Versteckmöglichkeiten zu bieten, empfielt sich auch das künstliche Einbringen von Steinhaufen und Einzelsteinen.

Für die Fauna von großer Bedeutung sind breite, nicht oder kaum genutzte Wildkrautsäume von wenigstens 4, besser 10 m Breite oder noch breiter.

Beim Schneiden der Hecken sollten stets, und zwar in unregelmäßigem Abstand, einige Großsträucher und/oder Bäume erhalten bleiben – sogenannte Überhälter –, da dies förderlich für einige Vogel- sowie im Holz lebende Wirbellosenarten ist. Künstliches Einbringen von dickstämmigem Totholz als Nahrung und Verpuppungsort für Wirbellose, aber auch als Unterschlupf für Bodenbewohner im allgemeinen kann hier ergänzend wirken.

Um eine noch abwechslungsreichere Flora und Fauna zu erhalten, empfiehlt es sich, wo möglich, in Heckennähe Tümpel und Kleingewässer anzulegen.

Grundsätzlich ist zu beachten, daß die Anlage von mehreren, 10 bis 15 m langen Kleinhecken, die sich in möglichst geringem Abstand voneinander befinden, der Anlage einer einzigen, langgezogenen »Großhecke« vorzuziehen ist. Die ersteren erwiesen sich in der Praxis als wesentlich insekten- und vogelreicher.

Ein Schneiden der Niederhecken erfolgt alle 2 bis 3 Jahre, das der übrigen Hecken etwa, je nach Örtlichkeit, alle 10 bis 25 Jahre. Es ist sinnvoll, das Schneiden nur abschnittweise, pro Jahr etwa jeweils ein Drittel, durchzuführen.

Empfehlenswerte Heckensträucher sind: Weiden, ideal für Insekten, Faulbaum, Brombeere, Himbeere. Aufgrund ihrer langen Blütezeit ziehen die Beerenarten auch im Hochsommer Insekten an, wenn ansonsten nur wenige Pflanzen blühen. Außerdem werden diese Baumarten wie andere Dornsträucher, z. B. Weißdorn, Schlehe und Rosen von Vögeln zur Nestanlage bevorzugt. Traubenkirsche und Schwarzer Holunder erfüllen aufgrund ihres dichten Kronendaches ebenfalls die Nistansprüche einiger Vogelarten.

Primärbiotope

Waldbiotope

Zu den großflächigen Biotopen, die im folgenden untergliedert vorgestellt werden, seien zunächst einige allgemeine Anmerkungen gemacht, die auch Einblick in die Entwicklungsgeschichte geben.

Nach dem Ende der Eiszeit, vor rund 12 000 Jahren, siedelten sich allmählich Bäume im zuvor baumfreien, tundraähnlichen Mitteleuropa an, und zwar zunächst Birken und Kiefern. 2000 Jahre später folgte dann die Hasel. Vor 8000 bis 5000 Jahren, als es um drei Grad wärmer war als heute, besiedelten Eichen, Ulmen, Linden, Erlen und Fichten große Teile unserer Regionen. In der kühleren Zeit danach fanden schließlich Buchen besonders günstige Lebensbedingungen, so daß diese in mittleren und tieferen Lagen zur vorherrschenden Baumart wurden.

Vor etwa 5000 Jahren war Mitteleuropa dann ein riesiges Waldland; die Waldfläche nahm über 90 % der Gesamtfläche ein, wobei der Laubwaldbestand absolut dominierte. Im Jahr 1978 betrug der Waldbestand in der damaligen Bundesrepublik Deutschland noch 29 % der Landesfläche.

Man unterteilt das Ökosystem Wald in folgende Bereiche: Boden, Krautschicht, Strauchschicht, Stammregion und Kronenschicht. Tierarten nutzen im Wald meist nicht das gesamte Ökosystem, sondern nur bestimmte Teile davon. Dies kann eine bestimmte Baumart sein, eine bestimmte Ausbildung der Baumschicht, bestimmte Altersstadien, Bereiche mit bestimmtem Mikroklima oder ein bestimmtes Kleinhabitat wie etwa ein Baumstumpf, ein Moospolster und dergleichen mehr. Für manche teilsiedelnden Tierarten wie einige Greife oder Eulen ist das Verhältnis von Waldfläche zu den Flächenteilen offener Landschaften bei der Besiedlung ausschlaggebend. Erfüllt einer der beiden Faktoren ihre Größenansprüche nicht, bleiben die Tiere aus.

Von Natur aus sind Wälder meist großflächige Biotope; für jede Tierart aber ist der Schwellenwert, ab wann »Waldbedingungen« existieren, unterschiedlich. Für verschiedene Blattlausarten reicht z. B. ein einziger Baum, Arten mit großen Revieren oder Aufenthaltsgebieten wie etwa Luchs, Auerhuhn oder Schwarzstorch stellen dagegen besonders hohe Flächenansprüche. Selbst aber Wirbellose werden, wenn sie echte Waldtiere sind, in sehr kleinen Wäldchen weitgehend fehlen, da Waldbestände mit einem Minimaldurchmesser von weniger als 80 Meter das für den Wald typische Mikroklima nicht mehr ausbilden können. Generell gilt, daß ein einziges großes Waldstück mehr Tierarten enthält als eine gleich große Fläche, die in kleinere Parzellen aufgeteilt ist. Über den möglichen Artenreichtum der Buchenwälder Mitteleuropas geben folgende Zahlen Auskunft: Knapp 7000 verschiedenen Tierarten bieten sie Heimat, etwa 350 Arten von Einzellern, etwa 380 Wurmarten, 70 unterschiedlichen Landschnecken, 560 Spinnen- und Bärtierchen, 26 Arten von Asseln, 60 von Tausendfüßlern, 5200 von Insekten sowie 109 Landwirbeltierarten. Dies entspricht rund 20 % der gesamten terrestrischen Fauna dieser Breiten.

Bild 18: Einzelne alte Bäume wie diese Eiche sind ein bedeutendes Refugium für Wirbellose und stellen Brutplätze für Vögel. Wesentlich ist, daß diese Bäume »in Ruhe gelassen werden«. Betonieren und ähnliche Stützungsmaßnahmen dienen nur dem menschlichen Sinn für Ästhetik; für Tiere sind solche Mumien ohne Wert.

Bild 19: Männlicher Grünspecht *(Picus viridis)*. Diese Spechtart bewohnt in erster Linie den Rand von Laubwäldern, lockere Mischwälder und Kulturlandschaften mit Baumgruppen. Er meidet reine Nadelwald-Monokulturen. Dies ist auch der Grund für seinen ständigen Rückgang. Der Grünspecht ist ein Standvogel. Seine Stimme kann man mit einem »Gelächter« vergleichen.

Bild 20: Buschbereiche, besonders wenn sie, wie hier, mit Steinen bereichert sind, sind für viele Vogelarten Brut- und Jagdplatz. Diese Areale stellen auch Unterschlupfmöglichkeiten z. B. für Igel und Marderartige dar, darüber hinaus auch Versteck- und Sonnenplätze für Reptilien und Wirbellose.

Bild 21: Neuntöter *(Lanius collurio)*, auch Rotrückenwürger genannt – hier ein männliches Exemplar –, kommen vor allem in Heckenlandschaften und in der Waldrandnähe vor. Ihr Nest bauen sie etwa 1 bis 2 m über dem Boden. Mit dem kräftigen, hakenförmigen Schnabel erbeuten sie vorwiegend Großinsekten.

Bild 22: Waldrand mit Laubgehölzen. Was die Fauna angeht, so gibt es hier Parallelen zu jener der Hecken und Gebüsche. Die Zahl der Wirbellosen ist ungleich höher als etwa im Waldesinneren. Leider wird die für Wirbellose (aber auch andere) so wichtige Krautschicht häufig abgemäht, obgleich dies selbst ökonomisch kaum sinnvoll ist.

Bilder 23 u. 24: Die Haselmaus *(Muscardinus avellanarius)* ist nachtaktiv und ausgesprochen ortstreu. Diese Art kommt in Wäldern mit viel Unterwuchs vor, meidet aber unterwuchsfreie Nadelwälder. Ihr Vorkommen zeigt also gleichsam an, daß eine Waldregion »gesund« ist. Sie ernährt sich vorwiegend von pflanzlicher Kost, frißt im Frühjahr aber auch Insekten und deren Larven. Beim Winterschlaf senken die Tiere ihre Körpertemperatur auf fast null Grad.

Bild 25: Felssteilwände sind wohl die einzigen Biotope, die vom Menschen nicht ohne weiteres beseitigt werden können. Die dortige Tiervielfalt – vor allem Vögel – wird aber heutzutage oft durch Kletterer (Free-Climbing) und Drachenflieger gestört. Die Wilderei (Falkeneier, Jungfalken) scheint dank guter Schutzmaßnahmen mittlerweile zurückgegangen zu sein.

Bild 26: Junger Uhu *(Bubo bubo)*. Uhus, die als extreme Kulturflüchter bezeichnet werden müssen, sind charakteristische Brutvögel der Felssteilwände, wo sie nicht selten mit Wanderfalken und/oder Kolkraben vergesellschaftet sind. Darüber hinaus brüten sie mitunter auch auf Bäumen, in alten Greifvogelhorsten oder sogar einfach auf dem Boden.

Nun zur Untergliederung, die wiederum eine recht grobe sein muß, aber praktischen Gesichtspunkten folgt. Man unterscheidet:

1. Wälder und Forsten, die mehr oder weniger intensiv genutzt werden
2. Naturwälder
3. Wärmeliebende Eichenmischwälder und natürliche Kiefernwälder
4. Mittel-, Nieder- und Hutewälder
5. Waldrandzonen

Da sich die jeweiligen Waldformen stark voneinander unterscheiden, sei hier auf Gefährdung und Schutz jeweils einzeln eingegangen.

Wälder und Forsten

Beschreibung

Hochwaldwirtschaft wird in den alten Bundesländern auf 88,6 % der Holzbodenfläche betrieben. Wenn man also von »Wald« spricht, bedeutet das in neun von zehn Fällen Waldwirtschaftsbereich. Die prozentuale Zusammensetzung sieht hierbei folgt aus: Eiche 8,0 %, Buche und andere Laubhölzer 23,6 %, Kiefer und Lärche 26,6 %, Fichte und andere Nadelhölzer 41,8 %. Daraus folgt, daß der Nadelholzanteil der Wälder zur Zeit mehr als zwei Drittel beträgt; das bedeutet eine Umkehrung der ehemals natürlichen Verhältnisse.

Künstlich geschaffene Wirtschaftswald-Reinbestände unterscheiden sich von naturnahen Waldgesellschaften vor allem in folgenden Punkten:

– Sie bestehen aus standortfremden Baumarten, denn Nadelbäume sind, von Sonderstandorten abgesehen, auf Gebirgslagen beschränkt.

– Die Bäume sind meist gleichaltrig. Aufgrund des frühen Schlagens gibt es kaum krankes oder totes Holz, was sich auf den Artenreichtum sehr negativ auswirkt.

– Die Krautschicht ist weitgehend einheitlich und auffallend artenärmer. Der Nadelfall der Fichten verrottet erst in rund zwei Dutzend Jahren, unterdrückt das Aufkommen von Krautzonen enorm, versauert Waldtümpel und kann für Amphibienarten wie Grasfrosch, Molche und Feuersalamander barrierenähnlich wirken, da sich diese (und auch viele Wirbellose) natürlich nicht gerne auf den »stachligen« Untergrund begeben.

Auf die Spitze getrieben, könnte man sagen, daß reine Wirtschaftswälder – das gilt vor allem für Fichtenforste – in erster Linie nur deshalb schützenswert sind, weil es kurzfristig keine adäquate Alternative zu ihnen gibt, oder mit anderen Worten: »weil sie besser sind als gar nichts...«

Primärbiotope

Gefährdungsfaktoren

Die Belastung durch Immissionen, Stichwort »Saurer Regen«, spielt hier die größte Rolle. Darunter versteht man ein komplexes Zusammenwirken verschiedener Schadstoffeintragungen mit verheerenden Auswirkungen auf alle Ökosysteme, am auffälligsten aber bei Waldgebieten. Große Teile der hiesigen Wälder sind bereits stark immissionsgeschädigt, zum Teil auch schon abgestorben. Weiterhin zu nennen sind:

— Flächenverluste durch Bebauungsmaßnahmen, Zerschneidung von Waldgebieten durch Straßen. Dadurch besteht für einige im Wald lebende Arten die Gefahr der »Verinselung« oder auch ganz einfach des Überfahrenwerdens.

— Entwässerungen in feuchteren Waldteilen verdrängen die auf diese Verhältnisse spezialisierte Fauna und Flora.

— Düngemaßnahmen wirken sich nachteilig auf die Kleinlebewesen des Bodens aus und führen auch zur Veränderung des Pflanzenbewuchses.

— Der Einsatz von Herbiziden – mit allen damit verbundenen negativen Auswirkungen auf Flora und Fauna.

— Die Anpflanzung fremdländischer Baumarten wie Douglasie, Stechfichte oder Schwarzkiefer stellt eine Biotopverfälschung dar. Eine gewisse Störung des Ökosystems ergibt sich auch durch den Sameneintrag fremdländischer Gehölze wie Robinie, deren Bedeutung für die ursprüngliche Fauna gleich Null ist.

— Häufig sind Schädigungen durch Wildverbiß, vor allem durch Reh und Rothirsch, deren Bestand durch künstliche Hegemaßnahmen übernatürlich hoch ist.

— Eine Gefahr bedeuten auch Erholungssuchende und Freizeitsportler. Für sie werden übermäßig viele Waldwege erschlossen und Grillplätze angelegt.

Erhaltungs- und Schutzmaßnahmen

Wo immer dies möglich ist, sollten Forsten in naturnahe Laubwälder zurückgewandelt werden – abgesehen von Gebirgslagen. Das kann im einzelnen bedeuten,

— daß kleinere Waldbestände zu größeren Waldgebieten zusammengelegt werden müssen.

- daß möglichst unterschiedliche Altersklassen von Bäumen erhalten werden. Ältere Bäume bieten, wie bekannt, mehr Tierarten Lebensbedingungen als jüngere.

- Es sollten auch wenigstens einzelne tote und kränkelnde Bäume belassen werden, da diese für die Fauna besonders bedeutsam sind. Ebenfalls in größerem Maß als bisher sollten umgestürzte Bäume und herausgerissene Wurzeln ganz allgemein an Ort und Stelle belassen werden. Diese werden meist aus Gründen der besseren Bewirtschaftung, manchmal auch aus reinen »Sauberkeitsgründen« schnell weggeräumt.

- So wenig Wälder wie möglich sollten für den Tourismus neu erschlossen werden. Dazu gehört auch, daß kein zusätzlicher Wegebau und kein Asphaltieren bestehender Waldwege erfolgt. Für Wanderer, Radfahrer und Skilangläufer sollte ein striktes Verbot gelten, vorhandene Wege zu verlassen.

- Vorhandene Tümpel, Quellen, Bäche, Felsen, Naß- und Trockenflächen müssen unbedingt erhalten werden.

- Die Anwendung von Bioziden muß unterlassen, zumindest aber deutlich verringert werden.

- Bei forstwirtschaftlichen Arbeiten gilt es, sowohl in zeitlicher als auch räumlicher Hinsicht Rücksicht auf empfindliche Brutvogelarten oder generell sehr streßanfällige Arten, wie etwa das Auerhuhn, zu nehmen.

- Der Bestand des Schalenwildes sollte auf ein Maß verringert werden, das es ermöglicht, ohne künstliche Maßnahmen wie Schutz durch Zäune artenreiche Laub- und Laubmischwälder zu erhalten und zu verjüngen.

- Zumindest teilweise sollten dicht an Bächen stehende Fichtenbestände entfernt werden, da einige Bachtiere nur in wenigstens zeitweise besonnten Abschnitten siedeln.

- Es dürfen keine Genehmigungen für Neuaufforstungen auf Feuchtwiesen, Trockenrasen, Moor- und Heideflächen erteilt werden.

Naturwälder

Beschreibung

Hierunter versteht man extensiv oder gar nicht wirtschaftlich genutzte Wälder – im letzteren Fall als »Urwald« bezeichnet –, die sich durch Bäume unter-

Primärbiotope

schiedlichster Altersklassen, durch sehr hohe und folglich entsprechend alte Bäume und durch einen hohen Anteil an Totholz und Baumruinen auszeichnen.

Da die bei uns früher vorherrschende Vegetation der Wald war, stellten früher Altholzbestände, kranke Bäume, Tot- und Faulholz in unterschiedlichsten Ausprägungen vor dem Einsetzen intensiver Forstwirtschaft Massenhabitate dar, auf die sich eine große Anzahl von Tierarten spezialisiert haben. Um ein Beispiel zu nennen: von den ca. 5800 heimischen **Käferarten** leben allein rund 1000 im und vom Holz oder von holzbewohnenden Pilzen. Es nimmt deshalb nicht Wunder, daß viele Arten, die an alte, morsche Bäume, vor allem Eichen, Buchen, Linden, gebunden sind, bei uns vom Aussterben bedroht bzw. bereits ausgestorben sind. Vogelarten, die auf großflächige Urwaldgebiete geprägt sind, zum Beispiel Habichtskauz und Schreiadler, kommen bei uns nicht mehr vor. Auerhuhn und Birkhuhn wurden immer stärker zurückgedrängt. Das gilt auch für die **Wildkatze** – von deren Bejagung einmal abgesehen.

Auf den Reichtum an Blütenpflanzen soll hier, wie bei allen geschilderten Waldformen, nicht näher eingegangen werden, da sich bei derart großflächigen Biotopen Verallgemeinerungen nicht anbieten; zu unterschiedlich sind ferner auch die jeweiligen durch geographische, geologische und klimatologische Kriterien gegebenen Bedingungen. Es ist allerdings einleuchtend, daß gerade in reifen Waldökosystemen u. a. eine große Artenzahl an Niederen Pflanzen wie Flechten, Moosen, Algen und Pilzen zu finden ist. Für die Fauna erfüllen speziell diese Waldformen folgende Funktionen:

— In ihnen gibt es reichlich Horste für **Großvögel.** Vor allem Greife, Reiher und Störche bevorzugen oder benötigen hochwüchsige Altbäume oder Altbaumbestände.

— In alten Bäumen gibt es viele Höhlen. Mehrere Tierarten, wie etwa Waldfledermäuse ziehen ihren Nachwuchs in Baumhöhlen und -spalten auf. **Spechte** und **Meisen**, diverse **Wildbienenarten** sowie **Hornissen** brüten in Baumhöhlen.

  Zwar sind Kleinhöhlen, etwa Rindenspalten oder Baumbruchstellen, auch in den Laubbäumen der Wirtschaftswälder zu finden, da sich diese lange vor dem Erntealter der Bäume einstellen, doch Großhöhlen in wirklich ausreichender Anzahl entstehen erst mit der späteren Alterungs- und Zerfallsphase der Bäume. Demzufolge sind diese in Wirtschaftswäldern auch kaum zu finden. Entsprechend schlecht ist das dortige Angebot für großhöhlenbrütende Vogelarten wie Rauhfußkauz oder Hohltaube. Auch die in derartigen Baumhöhlen überwinternden **Fledermausarten** – meist oder häufig: Bechsteinfledermaus, Abendsegler, Kleiner Abendsegler, Rauhhautfledermaus bzw. ab und zu: Fransenfledermaus, Breitflügelfledermaus, Zwergfledermaus, Alpenfledermaus – haben hier also keine Chance.

— Erkrankte Baumabschnitte, morsche Äste, vermulmte Stämme sind bedeutende Nahrungs-, Brut und Überwinterungsstätten für viele Tier-, insbesondere Wirbellosenarten. Dabei werden Laubbäume, und darunter vor allem Eichen, deutlich bevorzugt. In faulen Baumteilen brüten zum Beispiel diverse Arten von Käfern, Mauerbienen, Blattschneiderbienen und Fliegengrabwespen. Von auf alten Borken wachsenden Flechten und Moosen ernähren sich u. a. Baumschneckenarten. Zur Überwinterung suchen einige Laufkäfer- und Blattwespenarten gezielt Baumstümpfe auf.

— Kleine und mittlere Wasseransammlungen sowie ruhige Zonen von Bächen innerhalb von reinen Laubwaldbeständen bieten Laichmöglichkeiten für Amphibien, vor allem für Arten, die Nadelbaumbestand kaum tolerieren wie Springfrosch, Gelbbauchunke, Feuersalamander, Molche.

Grasfrosch und Erdkröte, die hier ebenfalls anzutreffen sind, stören sich an Nadelbaumbewuchs weit weniger. Auch finden diese Arten, sofern sie nicht im Wasser überwintern – z. T. Springfrosch, Grasfrosch, Molcharten – gute Überwinterungsmöglichkeiten sowie auch Tagesverstecke unter Baumstümpfen, umgebrochenem, morschen Wurzelwerk, in Wurzelgängen von Altbäumen und dergleichen mehr. Derlei Verstecke, die durchaus einen Anreiz zur Besiedlung bieten, gibt es in reinen Wirtschaftswäldern natürlich ungleich weniger.

Gefährdungsfaktoren

Die größte Gefahr für die letzten verbliebenen Naturwälder droht durch deren Umgestaltung in Wirtschaftswälder. Damit sind dann auch Düngung und Biozideinsatz verbunden. Die Anlage von waldzerschneidenden Wegen ist gleichfalls abzulehnen.

Absolut negativ ist selbstverständlich die Entfernung der Stümpfe, Tothölzer und Dürräste, also gleichsam das »Großreinemachen«. Das Schlagen der hohen Altbäume führt zu unersetzlichen Verlusten.

Eine Gefahr stellen auch ganz allgemein die von Menschen ausgehenden Störungen dar, wozu nicht nur die Belästigungen von Vögeln (vor allem) während ihrer Brutzeit, sondern auch das Pflücken von seltenen Blütenpflanzen zählen.

Erhaltungs- und Schutzmaßnahmen

Vorrang genießt natürlich der unbedingte Erhalt der noch verbliebenen naturbelassenen Altholzbestände.

Auch hier gilt:

— Regulierung des Schalenwildbestandes auf ein natürlich erträgliches Maß.
— Nicht gebaut werden dürfen: Waldwege und -straßen, auch keine Langlaufloipen und Seilbahnen.
— Wo immer möglich, sollte der bisherige Bestand ausgeweitet werden.

Primärbiotope

Wärmeliebende Eichenmischwälder und natürliche Kiefernwälder

Beschreibung

Dies können sehr unterschiedliche Waldgesellschaften sein, und dementsprechend differieren auch Flora und Fauna. Allerdings weisen sie eine wesentliche gemeinsame Eigenart auf: Der Bodenbereich ist trocken und warm, zumindest aber rasch abtrocknend, und deshalb beherbergen diese Biotope dann auch eine Vielzahl wärme- und trockenheitsliebende Tierarten. Nicht selten sind in diese Gebiete auch Trockenrasen- und Zwergstrauchheideflächen integriert.

Im Verhältnis zu anderen Laubmischwäldern ist der Reichtum an Blütenpflanzen recht groß. Dasselbe gilt für die Tierwelt, insbesondere für **Insekten**. In Mitteleuropa gibt es rund 300 Tierarten, die auf Eichen spezialisiert sind sowie etwa 160 Arten, die an Kiefern gebunden sind. Einige der auf diesen trocken-warmen Böden lebenden Arten finden bei uns ihre nördliche Verbreitungsgrenze, so die Äskulapnatter, die Smaragdeidechse (in eher krautigen bis buschigen Zonen, die aber Vegetationslücken aufweisen müssen), die Mauereidechse (in eher steinigen, vegetationsfreien Zonen an Hängen), die Aspisviper (im trockenen, steinigen Gelände) und von den Wirbellosen die Gottesanbeterin. Als besondere Vertreter der Vögel sind Ziegenmelker, Brachpieper, letzterer in sehr lichten Kiefernwäldern, zu erwähnen.

Gefährdungsfaktoren

Eichenmischwälder:

– Umwandlung in Rebkulturen und Obstwiesen, besonders durch die Anpflanzung wärmeliebender Arten wie Kirschbäume.
– Umwandlung in Nadelholzforste.

Natürliche Kiefernwälder:

– Völlige oder teilweise Zerstörung durch Sandabbau.
– Aufforstungen, also Umgestaltung in Wirtschaftswälder.

Erhaltungs- und Schutzmaßnahmen

Die noch vorhandenen naturnahen Bestände sollten möglichst nicht beeinträchtigt werden. Eine extensive Nutzung in vertretbarem Rahmen ist jedoch möglich.

Es darf keine Bebauung oder Rodung der ökologisch besonders bedeutsamen Ränder dieser Wälder erfolgen. Dort leben mehrere Reptilienarten schwerpunktmäßig, und zwar in hoher Arten- und Individuenzahl; Wirbellose wie zum Beispiel Schmetterlinge sind auf diesen Lebensraum angewiesen; und dort sind auch seltene bis hochgradig bedrohte Blütenpflanzen wie Orchideen zu finden.

In Gegenden, wo die erforderlichen geologischen und klimatischen Verhältnisse gegeben sind, ist eine Neuanlage dieses Waldtyps bzw. eine Rückwandlung vorhandener Forstwälder in denselben anzustreben.

Mittel-, Nieder- und Hutewälder

Beschreibung

Dabei handelt es sich um sehr lichte, mitunter auch nur weiträumig mit Bäumen bestandene Wälder, die reich an Kräutern und Gräsern sind. Mittelwälder stellen eine Kombination aus einzelnen hochstämmigen Gehölzen und Unterhölzern ausschlagsfähiger Arten auf derselben Fläche dar. Sie nehmen heutzutage 1,5 % der Holzbodenfläche ein. Niederwälder kommen von Natur aus nur lokal und kleinflächig auf Sonderstandorten auf. Die Gehölze werden im Turnus von fünf bis zwanzig Jahren geschlagen. Die Wälder verjüngen sich durch Austrieb der Stümpfe. Folglich bestehen sie auch aus ausschlagfähigen Arten wie Weiden, Eichen, Haseln, Linden. Niederwälder nehmen heutzutage 3,7 % der Holzbodenfläche ein. Sehr locker, meist nur mit einzelnen oder kleinen Baumgruppen bewachsene ehemalige Weidewälder nennt man Hutewälder.

Alle drei genannten Waldarten zeichnen sich durch ihren Reichtum an Kräutern aus; sie beherbergen sehr viele Tierarten, darunter gefährdete Waldarten und Arten, die in den Übergangsbereichen vom Wald zum offenen Land und auf Trockenrasen vorkommen. Bei Mittel- und Niederwäldern bestehen enge Parallelen zur Fauna und Flora der wärmeliebenden Eichenmischwälder. Dies kommt wohl auch daher, daß die Nutzung als Nieder- und Mittelwald eben die Eiche und deren Begleitpflanzen fördert.

Von den (seltenen) Vogelarten, die hier leben können, seien **Haselhuhn**, **Waldschnepfe** und **Ziegenmelker** als Beispiele erwähnt; an **Reptilien** seien neben Schlingnatter und Zauneidechse die außerordentlich seltene Aspisviper, die Äskulapnatter und die Smaragdeidechse genannt.

Gefährdungsfaktoren

Die Aufforstung dieser Waldformen, insbesondere mit Fichten, bedeutet, daß die sonnenbedürftigen Pflanzen- und Tierarten allmählich verschwinden.

Es besteht eine Beeinträchtigung durch Menschen als Besucher, und zwar

Primärbiotope

sowohl, wenn diese sich gleichgültig gegenüber der dortigen Fauna und Flora zeigen, als auch, wenn sie »sehr interessierte Naturkenner« sind, die auf den Fang seltener Reptilien aus sind.

Erhaltungs- und Schutzmaßnahmen

— Es ist sinnvoll, die traditionelle Nutzungsform beizubehalten.
— Es sollte keinerlei Bebauung sowie Erschließung für den Tourismus erfolgen.

Waldrandzonen

Beschreibung

Waldränder besitzen eine bedeutende ökologische Funktion. Für nicht wenige Wirbellosenarten sind Waldränder beträchtlich wichtiger als das eigentliche Waldinnere. Sie sind Schnittstellen zwischen größeren Beständen hoher Baumvegetation und »Nicht-Wald-Bereichen«. Manche Vertreter der dort vorhandenen Fauna und Flora sind eventuell auch in größeren Waldlichtungen und Windbrüchen zu finden.

Die Zusammensetzung der Flora ist natürlich vom »Hintergrund«, dem eigentlichen Wald also, der dort vorherrschenden Baumgesellschaften, den jeweils herrschenden klimatischen Bedingungen und vom Feuchtigkeits- oder Trockenheitsgrad des Bodens bestimmt. Etwas verallgemeinernd lassen sich aber folgende Arten als typisch angeben: Bärenklau, Wald-Labkraut, Türkenbund, Haselwurz, Färber-Scharte, Buschwindröschen, Maiglöckchen, Walderdbeere, Knaulgras, Schwingel, Perlgras, Wald-Segge, Witwenblume, Flockenblume, Disteln.

Die Zusammensetzung der Tierwelt hängt wiederum von der Art der Vegetation, den klimatischen Bedingungen, dem Bodenrelief, eventuell vorhandenen »Kleinbiotopen« (Baumstümpfe, Tothölzer, Moosflächen u. ä.), aber auch von der Nachbarschaft (z. B. Trockenrasen) ab. Die Waldrandfauna weist meist Parallelen zur Fauna der Hecken und Gebüsche auf. Man unterscheidet dabei grob zwischen Ganzsiedlern und Teilsiedlern.

Zu den ersteren zählt man beispielsweise **heckenbrütende Vogelarten**, Säuger wie Igel, **diverse Kleinsäuger** (Mäuse, Spitzmäuse), **Reptilien** wie Blindschleiche, Waldeidechse, mitunter auch Schlingnatter (bei trockenem Boden) oder Kreuzotter (bei eher feuchteren Bodenbereichen). Von den Wirbellosen seien vor allem die Schmetterlinge genannt, von denen einige Arten auf diesen Biotop spezialisiert sind, so daß man sogar von typischen **Waldrandfaltern** sprechen kann. Dies sind teilweise hochgradig selten gewordene Arten, die häufig, und zwar durch ihre Größe und/oder ihre Färbung, auch dem nicht schmetterlingskundigen Laien auffallen. Darunter befinden sich: Großer Schillerfalter, Großer Eisvogel, Trauermantel, Großer Fuchs, Kaisermantel, Kleiner Schillerfalter, Kleiner Eisvogel, Brauer Würfelfalter, Zitronenfalter.

Zu den Teilsiedlern zählt man Arten, die in Waldrandzonen ihre Jungen aufziehen, zum Nahrungserwerb aber offenes Gelände benötigen, z. B. Turmfalke, Mäusebussard, Saatkrähe, Neuntöter und Goldammer; außerdem gehören zu dieser Gruppe auch feldbewohnende Arten, die hier Verstecke vor Witterungsunbilden oder Feinden finden oder an Waldrändern überwintern, wie etwa viele Wanzenarten, Schild- und Marienkäferarten; feld- und waldbewohnende Arten, die das an Waldrändern höhere Nahrungsangebot, also den Blüten- und den damit verbundenen Insektenreichtum, nutzen, zählen ebenfalls zu den Teilsiedlern. Neben einigen Vögeln sind Erdkröte, Grasfrosch, Springfrosch, die hier teilweise auch ihre Sommerquartiere haben, Säuger wie der Hermelin, das Mauswiesel und auch der Dachs im einzelnen zu erwähnen.

Gefährdungsfaktoren

Wenn sich Äcker und Grünlandgebiete bis zum eigentlichen Waldanfang erstrecken, kommt es häufig zur Nutzung der Waldrandzonen. Hierbei werden vorhandene Kraut- und Kleinstrauchschichten einfach abgemäht. Damit verbunden ist auch der Herbizideinsatz an Waldrändern.

Erhaltungs- und Schutzmaßnahmen

— Das Mähen der Waldrandvegetation sollte, wenn überhaupt, nur selten, abschnittsweise und erst ab August erfolgen. Stauden sollten überhaupt nicht gemäht werden.

— Auf den Einsatz von Herbiziden an Waldrändern und auf Lichtungen muß vollständig verzichtet werden.

— Anzustreben sind Waldränder mit wenigstens zehn Meter breiter, besser aber erheblich breiterer Wildkrautzone, wobei Süd-, Südost und Südwestlagen von sehr großer Bedeutung für die Fauna sind, Nordlagen dagegen von vergleichsweise geringer.

— Die Flora sollte artenreich und standorttypisch sein. Für Insekten von besonderer Wichtigkeit sind folgende Kräuter und Sträucher: Doldenblütler allgemein, Witwenblume, Flockenblume, Disteln, Himbeere, Brombeere, Weidenarten und Zitterpappel.

— Wo dies möglich ist, sollten künstlich sonnenexponiertes, dickstämmiges Altholz und auch Wurzeln eingebracht werden. Steinhaufen können als Versteck- und Sonnenplätze aufgeschichtet werden.

Primärbiotope

— Vegetationsfreie, sandige und lehmige Bodenrisse sind bedeutsam für Waldrandarten wie Großer und Kleiner Schillerfalter, Großer Fuchs, Großer Eisvogel, Trauermantel, Sandlaufkäfer, Ameisenjungfer, Wildbienenarten;

— Daneben empfiehlt sich die Anlage von Feucht- und Naßstellen.

Felssteilwände

Beschreibung

Diese im wahrsten Sinn des Wortes »herausragenden« Biotope sind Aufenthalts- und Fortpflanzungsort für diverse sehr selten gewordene, spezialisierte Tierarten. Man kann sie je nach der vorhandenen Gesteinsart, der Exposition, dem Neigungswinkel, ihrer Höhe, dem Pflanzenbewuchs und nach dem Klima typisieren. Charakteristische Pflanzenarten sind unter anderem diverse Farnarten (etwa Mauerraute und Streifenfarn), Steinbrecharten, Hauswurz, Moose und Flechten. Floristisch bedeutsam sind Felssteilwände vor allem wegen ihrer Trockenrasenvegetation, und zwar jener in südexponierten Steillagen.

Allein 67 gefährdete **Falterarten** siedeln in diesem Biotop, z. B. der Apollofalter. Von den hier brütenden **Vogelarten** sind neben Turmfalke, Dohle, Mauersegler, Hausrotschwanz, Kolkrabe vor allem Uhu und Wanderfalke zu erwähnen. So kann man heutzutage die Horste aller deutschen Wanderfalkenpaare nur in herausragenden, das Landschaftsbild deutlich bestimmenden Felssteilwänden finden.

Gefährdungsfaktoren

Da eine Gefahr durch Beseitigung nicht bestehen kann, stellt der Tourismus das Hauptproblem dar. Ständige Beunruhigung brütender Vögel erfolgt heutzutage nicht mehr allein durch Kletterer, sondern mehr und mehr durch Drachenflieger.

Eine Gefahr besteht auch durch Wilderei in Gelegen von Wanderfalken – mitunter auch in Uhu- und Kolkrabenbeständen. Die Jungtiere der Falken Können für viel Geld in arabische Länder verkauft werden.

Erhaltungs- und Schutzmaßnahmen

Es geht darum, jegliche menschliche Beeinträchtigung oder Beunruhigung, vor allem dort, wo Wanderfalke und Uhu brüten, fernzuhalten. Horste stark gefährdeter Arten sollten deshalb »rund um die Uhr« bewacht bleiben – was zum Glück auch schon in vielen Fällen geschieht. Es darf keinerlei Zerstörung der Pioniervegetation erfolgen.

Höhlen

Beschreibung

Man unterscheidet zwischen Naturhöhlen und künstlich geschaffenen Höhlen. Zu letzteren zählen verlassene Erz- und Schieferstollen, Schutzbunker, tiefe Felsenkeller, Weinkeller und auch Brunnenschächte. Sie zeichnen sich durch besondere mikroklimatische Bedingungen aus: hohe Luftfeuchtigkeit, geringer Lichteinfall und konstante, kühle Temperaturen. Eine Differenz zwischen Tag und Nacht, zwischen Sommer und Winter tritt hier kaum in Erscheinung. Man unterscheidet auch zwischen echten Höhlen und Halbhöhlen – bei Halbhöhlen hat die Öffnung größere Dimensionen als der Innenraum; bei echten Höhlen ist dies umgekehrt.

Flora (Farn-, Moos, -Flechten- und Algenarten) und Fauna bestehen aus Arten, die eindeutig auf diese Biotope spezialisiert sind. In Höhlen wurden bisher mehrere hundert Arten von **Einzellern, Würmern, Mollusken, Spinnen, Krebsen, Tausendfüßlern, Insekten** und **Wirbeltieren** nachgewiesen. Höhlen sind jedoch nicht nur Gesamtlebensraum für spezialisierte Tierarten, sondern auch Teillebensraum für überwinternde Arten wie **Fledermäuse**, einige Schmetterlinge und Zweiflügler. So verbringen von den 22 heimischen, ausnahmslos stark und höchstgradig bedrohten Fledermausarten 17 ihre Winterruhe in Höhlen und Stollen. Die Langflügelfledermaus bezieht hier häufig und die Große Hufeisennase ab und zu auch ihr Sommerquartier. Daneben bieten Höhlen auch immer Arten Unterschlupf, die ansonsten in entsprechend feuchten und dunklen oberirdischen Habitaten siedeln können, darunter Muschel- und Spinnenarten.

Der ökologische Wert von Höhlen wird durch die Größe – wobei Großhöhlen stets wertvoller als Kleinhöhlen sind – sowie durch ihr Alter bestimmt. Von diesem Alter hängt es entscheidend ab, ob und in welchem Umfang Höhlen von echten Höhlenbewohnern besiedelt werden können. Zeitspannen von 100 bis 200 Jahren reichen dabei oft kaum als Besiedlungszeiträume aus.

Gefährdungsfaktoren

An erster Stelle steht die vollständige Zerstörung der Höhlen, zum Beispiel durch Sprengung. Wenn die Höhlen zwar erhalten bleiben, ihre Eingänge aber total oder teilweise zugemauert werden, können Fledermäuse sie nicht mehr nutzen. Außerdem ändern sich durch derartige Eingriffe auch meist die mikroklimatischen Verhältnisse.

Der Ausbau der Höhlen für touristische Zwecke (Schauhöhlen) mag zwar für Besucher attraktiv sein, für Fauna und Flora ist er aber sehr nachteilig. Durch Beleuchtung und sonstige Beunruhigung werden manche Höhlenbewohner gestört und vertrieben. Von extremem Nachteil ist dies, wenn Höhlen zur Zeit

Primärbiotope

der Winterruhe von Fledermäusen besichtigt werden. Diese Tiere passen bei der Überwinterung ihre Körpertemperatur der Umgebung weitgehend an – sie leben dann sozusagen auf Sparflamme, wobei Herzschlag und Atemfrequenz reduziert werden. Werden sie in dieser Phase gestört, beschleunigen sich die Körpervorgänge wieder, die Tiere werden »halbwach«, verlieren dabei größere Mengen an Körperenergie und sind dann oft nicht mehr fähig, die Winterruhe ohne Schaden zu überstehen.

Auch das Behandeln der Wände von Kunsthöhlen, zum Beispiel alter Weinkeller, mit chemischen Mitteln gefährdet die Höhlenbewohner.

Erhaltungs- und Schutzmaßnahmen

– Die in früheren Zeiten zugeschütteten oder gesprengten Höhleneingänge sollten wieder freigelegt werden.

– Eventuell ist es nötig, Höhleneingänge zu vergittern, um menschliche Störungen fernzuhalten. Der Umfang und die Durchführungsart solcher Maßnahmen muß vor Ort geklärt werden.

– Wo dies möglich ist, sollten Kunsthöhlen neu erschlossen werden, zum Beispiel durch Aufbohrungen von Bunkern und alten Kellerräumen.

Horizontale und vertikale Erdaufschlüsse

Sowohl horizontale als auch vertikale Erdaufschlüsse lassen sich als vegetationsarme oder freie Geländeteile beschreiben, deren Fauna und Flora zu einem hohen Anteil aus typischen Pionierarten besteht. Trotzdem weisen die beiden Biotoptypen eine ganze Reihe verschiedener Eigenschaften auf; wie ihre gesonderte Beschreibung im folgenden zeigt.

Beschreibung horizontaler Erdaufschlüsse

Dies sind rohe, sich ständig erneuernde Böden, aufgeschüttetes Gestein, oft mit Sandablagerungen. Typisch ist fehlender oder spärlicher Bewuchs. Man unterscheidet zwei Gruppen von horizontalen Erdaufschlüssen:

a) Bodenaufschlüsse, Abraumflächen und Aufschüttungen. Darunter versteht man Abgrabungsflächen, unbefestigte Wegränder und Sandwege;
b) offene Stellen auf Flugsanden, Dünen, Sandäckern.

Die Fauna des erstgenannten Typs ist im wesentlichen derjenigen der vegetationsfreien und -armen Uferzonen (s. S. 24), die des zweitgenannten mit derjenigen von Trocken- und Halbtrockenrasen (s. S. 36) vergleichbar. Folglich befinden sich darunter zahlreiche gefährdete Arten. **Pionierarten** benötigen von Natur aus periodische Dynamik in ihren Siedlungsbereichen, und zwar in Form von Materialbewegung, Abgrabung und Umlagerung, da sich der Charakter dieser Gebiete ursprünglich meist rasch änderte. Heutzutage jedoch sind die Faktoren und Kräfte, welche die natürlichen Garanten für die ständige Neuschaffung solcher Geländeteile sind, etwa regelmäßige Überschwemmung und Windausblasung, weitgehend ausgeschaltet. Deshalb ist es für den Schutz der Fauna sowie den Erhalt etwaiger Pionierflora teilweise notwendig geworden, diese natürlichen Funktionen durch den Einsatz maschineller Kräfte zu ersetzen. Zwanzig Prozent der vorhandenen, möglichst großen, Fläche sollten stets vegetationsarm, besser noch -frei gehalten werden.

Gefährdungsfaktoren

– Nährstoffeintrag, das heißt Düngung
– Abbau von Sand und Kies
– Aufforstung und generell Rekultivierungsmaßnahmen
– Ausbau von Wegrändern
– Auffüllen, Schottern und Teeren von Feldwegen

Erhaltungs- und Schutzmaßnahmen

Erhaltung dieser Flächen, und zwar in der Regel durch künstliche Maßnahmen, da die natürlichen Kräfte, die zur Schaffung solcher Gebiete führen, meist aufgrund der menschlichen Einflußnahme nicht mehr wirksam sind.

So sollten diverse dichter bewachsene Stellen maschinell abgetragen und abtransportiert werden, und zwar im Abstand von zwei bis drei Jahren. Auf derartigem Gelände läßt sich mitunter auch »gezielt wüten«, indem manche Flächenteile abgegraben, an anderer Stelle wieder aufgeschichtet, und umgegraben werden. Vorhandene Steinhaufen und -ansammlungen dürfen davon aber nicht tangiert werden, da sich in diesen mit großer Wahrscheinlichkeit Wirbellose und kleine Wirbeltiere aufhalten.

Wo immer dies möglich ist, sollten Fehleingriffe korrigiert werden, worunter unter anderem die Abfuhr von gedüngtem humosen Boden und die Beseitigung von Aufforstungen zu verstehen ist.

Beschreibung vertikaler Erdaufschlüsse

Vertikale Erdaufschlüsse kommen in einer Vielzahl unterschiedlicher Typen vor. Sie lassen sich nach den Kriterien Bodenbeschaffenheit, Neigungswinkel und Sonnenexposition unterscheiden. Pflanzenbewuchs ist meist nur spärlich vorhanden: Ruderalflora, Moose, Flechten. Für die Fauna gilt allgemein: Artenzahl und Siedlungsdichte hängen von der Korngröße und Härte des

Primärbiotope

Bodenmaterials, vom Grad der Sonneneinstrahlung und vom Neigungswinkel ab. Insgesamt betrachtet, läßt sich festhalten, daß folgende (kombinierte) Faktoren von Vorteil sind: Südexposition, ein Neigungswinkel von mehr als 60°, am besten nahe 90° und relativ hartes Bodenmaterial.

Am Fußteil der vertikalen Erdaufschlüsse sind häufig Schotterbezirke zu finden. Deren Fauna entspricht etwa jener der pflanzenfreien Zonen horizontaler Erdaufschlüsse: zum Beispiel Laufkäferarten – im wechselfeuchten Bereich –, Sandlaufkäferarten, Ödland- und Sandschrecke – im trocken-warmen Bereich –. Die Fauna des Hangteils besteht aus rund 400 Arten, Vögeln, Hautflüglern, Springspinnen, Weberknechten, Tanzfliegen, parasitären Raupenfliegen. Ihnen dient der Hangteil als Jagdrevier, als Aufheizraum/Sonnenplatz und als Brutplatz. Bei weicherem Bodenmaterial – Löß, Grobsand, sandige Tone, Lehme – stellen sich hier unter anderem Uferschwalbe, Eisvogel und diverse Wespenarten ein; bei mittlerer Härte finden sich Furchen- und Sandbienenarten; bei hoher Härte – bis »steinhart« – erschließen sich Arten von Faltenwespen, Seiden-, Mauer- und Furchenbienen diesen Lebensraum.

Ein wesentlicher Besiedlungsfaktor ist natürlich die vertikale und horizontale Ausbreitung des Hanges. Für Wirbellose ist es wichtig, daß sich die Wand mehrere Meter über den Boden erhebt. Für Vögel sind Höhen von mindestens 1 bis 1,5 m (Eisvogel) bzw. mindestens 2 m (Uferschwalbe) über der Hochwasserlinie notwendig. Für die horizontale Ausbreitung gilt lapidar: so breit wie möglich, denn Uferschwalben und einige Hautflüglerarten sind Koloniebrüter!

Gefährdungsfaktoren

– Bach- und Flußregulierungsmaßnahmen können zu einer Zerstörung natürlicher Prallufer führen.

– Auffüllung von Hohlwegwänden mit Schutt

– Durch Rebflurbereinigung – wie zum Beispiel am Kaiserstuhl der Fall – werden die Wände erheblich in Mitleidenschaft gezogen.

Erhaltungs- und Schutzmaßnahmen

– Unbedingter Erhalt bestehender Wände.

– Die Faktoren, die die Bedingung für eine Neuentstehung vertikaler Erdaufschlüsse darstellen, müssen erhalten bleiben. So muß etwa vorhandene Fließgewässerdynamik beibehalten werden; es darf also kein künstliches Anstauen erfolgen.

– Künstliches Neuschaffen von südexponierten Abbruchkanten, von Erosionszonen, am besten in der Nachbarschaft blütenpflanzenreicher Biotope.

Hierfür können mehr oder weniger sanft abfallende Geländeteile mittels Bagger, Schaufellader etc. einfach »abgeschnitten« werden, um möglichst steile bis rechtwinklige Aufschlüsse zu schaffen. Das Bodenmaterial des Geländes darf aber nicht zu weich sein; reiner, weicher Lehmboden, der von Regenschauern stark durchnäßt wird, ist für die Fauna reichlich uninteressant, da als Wohnort sozusagen »ungemütlich«. Der Boden sollte immer steinig, zumindest sandig-steinig sein. Die Wände sollten wenigstens zwei Meter Höhe erreichen – das wäre also der »Uferschwalbenmaßstab« – und so lang, wie es die Örtlichkeiten zulassen. Das abgetragene Material kann, zumindest teilweise, am Fuß der Wand gelagert werden – vor allem dann, wenn es sehr grobkörnig ist. Reine Lehmbestandteile müssen abgeführt, zumindest aber von einer rund 20 cm dicken Stein-/Sandschicht bedeckt werden.

– Erhaltung der Schotterbänke am Fuß der Steilwand.

– Mitunter sind Pflegemaßnahmen sinnvoll, zum Beispiel ist das Zuwachsen der Wände durch Busch- und Baumaufwuchs zu verhindern. In den meisten Fällen sind Bepflanzungen zum Zweck der Bodenbefestigung nicht angebracht.

Sekundärbiotope

Biotope in Siedlungsbereichen

Innerhalb menschlicher Siedlungsbereiche gibt es eine Vielzahl unterschiedlicher Biotop-Typen. Man kann diese als »zufällige Biotope« bezeichnen, denn gestaltet und geschaffen wurden sie in erster Linie nicht, um Flora und Fauna einen Ersatz für ursprüngliche Biotope zu verschaffen, sondern um Spaziergängern, Ruhe- und Erholungssuchenden, Betrachtern einen »schönen Anblick« zu bieten. Dazu kommen auch noch »unfreiwillig geschaffene Biotope«, zum Beispiel solche an Haus- und Gebäudeteilen, die Unterschlupf und Brutplätze für Vögel und Fledermäuse sein können.

Beschreibung

Bedeutsame Sekundärbiotope in Siedlungsbereichen sind: Gehölzbestände (vor allem älteren Datums) in Parks, Friedhöfen, Gärten, Alleen und Obstgärten, ungedüngte Rasenfläche, »naturnahe Gärten«, offene Gewässer und bestimmte Gebäudeteile, nämlich ruhige, dunkle Dachböden, Mauerfugen und -höhlen; Lehmwände, altes Bauholz, Reetdächer.

Sekundärbiotope

Die ursprüngliche Wildflora läßt – oder besser: ließe – sich innerhalb von Siedlungsbereichen häufig problemlos ansiedeln und erhalten, wenn die dafür in Frage kommenden Flächen nicht durch penetrante menschliche Störungen (Begehungen, Gifteinsatz und dergleichen mehr) beeinflußt würden. Für viele Vertreter der Fauna ist die Sache problematischer, denn störungsanfällige Säuger-, Vogel- und Reptilienarten meiden die Siedlungsbereiche, während Wirbellose in der Regel keine Reaktion auf die Nähe des Menschen zeigen, wenn die qualitativen Voraussetzungen, die sie stellen, erfüllt sind.

Es gibt aber auch eine Anzahl von Tierarten, die aus der Siedlungstätigkeit des Menschen ihren Nutzen gezogen hat. Hierzu gehören z. B. die Abfallfresser wie **Wanderratte** und **Lachmöwe**, aber auch Arten, die vom guten Quartierangebot profitieren, wie etwa **Hausmaus** und **Steinmarder** in Parks, Gärten und Friedhöfen, auch Eichhörnchen, Siebenschläfer und Igel. Dies gilt auch für die typischen »**Großstadtvögel**« wie Haustaube, Haussperling, Mauersegler, Hausrotschwanz, Dohle, Star, Turmfalke als »ehemalige« Felsenbrüter oder Strauch- und Baumbewohner wie Amsel, Grünfink, Buchfink, Kohlmeise, Girlitz, Feldsperling. Als typische Stadt- und Dorfsiedler, die von menschlichen Bauwerken profitieren, deren Vorkommen aber entscheidend von der Beschaffenheit des Umlandes abhängt, kann man den **Weißstorch** sowie einige **Fledermausarten** wie vor allem Breitflügelfledermaus, Zwergfledermaus, Große und Kleine Hufeisennase, Mausohr, Wimperfledermaus, Teichfledermaus, Nordfledermaus, Braunes und Graues Langohr bezeichnen. Diese Arten beziehen ihr Winterquartier meist in Dachräumen menschlicher Bauwerke. Nord-, Breitflügel- und Zwergfledermaus finden hier auch ihr Sommerquartier sowie einen Platz zur Aufzucht ihrer Jungen.

Nicht zu vergessen sind diverse **Wasservögel**, darunter einige »zahme«, die sich voll in die menschliche Umgebung integriert haben, und zwar einige Entenarten sowie der Höckerschwan, aber auch z. B. Teich- und Bleßhuhn, Hauben- und Zwergtaucher. Sie profitieren von städtischen Seen, wo sie oft auch besser bewacht und geschützt sind als in freier Natur. Ähnliches gilt für einige Amphibienarten – immer vorausgesetzt, daß das Umfeld »stimmt« –, da diese durch das bloße, ständige Vorhandensein von Menschen vor mutwilligen Zerstörern oder fangfreudigen Terrarianern bewahrt sind. Schließlich finden auch Mulmbewohner, vor allem Insekten, in brüchigen, mulmreichen Altbäumen großer Parks mitunter bessere Lebensbedingungen als in Wirtschaftswäldern.

Aus der Artenvielfalt innerhalb der städtischen Biotope sollte man jedoch keine zu wohlwollenden Rückschlüsse ziehen. Gegenüber ähnlichen Biotopen außerhalb der Siedlungsbereiche sind sie in der Regel artenärmer, und zwar vor allem ärmer an besonders schutzwürdigen Arten – von Fledermäusen, eventuell Weißstörchen einmal abgesehen. Relativ bewertet zur potentiellen Gesamt-Fauna vergleichbarer natürlicher Biotope können sie letzten Endes keinen hinreichenden Ersatz darstellen. Die Kulturflüchter unter den Tieren bleiben dabei allemal auf der Strecke, und zu diesen gehören nun einmal eben die seltensten Arten.

Es soll in diesem Zusammen auch noch kurz ein relativ neuer, negativer Aspekt erwähnt werden: die »Bereicherung« der heimischen Fauna mit

Bild 27: Höhlen sind Lebensräume für (zumeist) stark auf diesen Biotop spezialisierten Tiere. Sie stellen aber auch Überwinterungsplätze für 17 der insgesamt 22 heimischen Fledermausarten dar. Gerade diese Tiere werden natürlich in sogenannten Schauhöhlen – durch Beleuchtung und Begehung – gestört und vertrieben.

Bild 28: Die Zackeneule *(Scoliopteryx libatrix)*, auch Zimteule genannt, ist neben dem Kellerspanner die einzige Schmetterlingsart, die in Höhlen überwintert. Ihre eigentlichen Lebensräume sind (höhlennahe) feuchte Waldränder. Auch Bach- und Flußniederungen. Wesentlich für ihr Vorhandensein sind ausgedehnte Weidenbestände.

Bild 29: Horizontaler Erdaufschluß. Die Flora und Fauna ist in diesen sich ständig erneuernden Böden in etwa identisch mit der von Trockenrasen. Folglich siedeln sich vor allem viele Pionierarten an. Diese Flächen sind von Natur aus extrem nährstoffarm – durch das Einbringen von Düngemitteln – bei Bewirtschaftung – ändern sie sich grundlegend; die Pionierarten verschwinden.

Bilder 30 u. 31: Vertikaler Erdaufschluß. Derartige Prallufer können nur entstehen bzw. sich nur erhalten, wenn die natürliche Fließgewässerdynamik bestehen bleibt. Jegliches Anstauen oder Kanalisieren des Gewässers macht den Fluß für Fauna und Flora uninteressant – ein lebendiger Gewässerrand wird dann zu einem toten. – Einer der Hauptleidtragenden solcher Kultivierungsmaßnahmen ist der Eisvogel *(Alcedo atthis)*, der diese Uferabbrüche zum Brüten braucht.

Bild 32: Vom Menschen aus wirtschaftlichen Interessen, also gleichsam aus Versehen geschaffene Steinbrüche sind ein Tummelplatz für Reptilien verschiedenster Art. Dank der Sonneneinstrahlung und der »wärmehaltenden« Steine werden die Eier schneller als im Umland ausgebrütet, und dank des Insektenreichtums kann sich der Nachwuchs auch von Anfang an gut ernähren.

Bild 33: Die Smaragdeidechse *(Lacerta viriais)* ist bei uns weniger deshalb selten, weil ihr Lebensraum bedroht ist, sondern einfach deshalb, weil sie bei uns ihr nördlichstes Verbreitungsgebiet hat. Dort, wo sie tatsächlich leben kann, also in wärmeren Regionen Südeuropas, ist die Smaragdeidechse – hier ein männliches Exemplar – noch sehr häufig anzutreffen.

Bild 34: Sand-, Kies- und Lehmgruben sind Sekundärlebensräume der »exklusivsten« Art. Diese Biotope stellen Auffangbereiche für anderswo stark bedrohte oder dem Aussterben nahe Tierarten dar. Der Rundgang durch eine solche Grube kann wie ein Ausflug in den Zoo sein: Man trifft viele extrem seltene Arten an, und zwar auch noch gehäuft.

Bild 35: Die Uferschwalbe *(Riparia riparia)* findet man bei uns mittlerweile fast am häufigsten in Grubenarealen. Uferschwalben sind Koloniebrüter, die wie alle Schwalbenarten über dem Wasser jagen. Dank des zunehmenden Ausbaus von Grubenarealen gibt es bei uns in letzter Zeit wieder mehr Uferschwalben. Man kann sie also als Kulturfolger bezeichnen.

Exoten. Bequemerweise wurden und werden in städtischen Parkanlagen, Seen und Teichen allerlei Fremdlinge ausgesetzt, z. B. nordamerikanische und ostasiatische Fisch- und Amphibienarten – Goldfische, Sonnenbarsche, Katzenwelse; diverse Molcharten, Amerikanische Ochsenfrösche –, Reptilien wie Rotwangenschmuckschildkröten, Schnappschildkröten, südeuropäische Land- und Wasserschildkröten, ja sogar Waran- und Krokodilarten. Hinzu kommen noch einige fremdländische Vogel- und Säugerarten, wobei, was diese angeht, eher auf ein Entweichen als auf ein bewußtes Aussetzen zu schließen ist. Natürlich wirkt sich das auf die heimische Fauna negativ aus.

Gefährdungsfaktoren

Die hauptsächlichen Gefährdungsfaktoren sind dieselben wie jene, denen auch vergleichbare Biotope außerhalb der Siedlungsbereiche ausgesetzt sind. Die wesentlichsten seien wiederholt, einige weitere gilt es hinzuzufügen:

– Gifteinsatz in Parks, Anlagen, Friedhöfen und Gärten.

– Einsatz von Düngemitteln.

– Auslichten der Gehölzbestände.

– Die Beseitigung des Fallaubs, also dessen Entfernung aus dem natürlichen Kreislauf, hat negative Auswirkungen auf alle Kleinlebewesen des Bodens.

– Abdichten der Einfluglöcher für Fledermäuse in Gebäuden.

– Einsatz von chemischen Mitteln, etwa Schutzanstrichen, in von Fledermäusen bewohnten Gebäudeteilen. Dies führt in relativ kurzer Zeit zur Vertreibung bzw. Tötung der Tiere.

– Sanierungsmaßnahmen bei Altbäumen, die allerdings mitunter schwer zu umgehen sind; hierbei spielen auch versicherungstechnische Gründe eine Rolle.

– Straßenverkehr gefährdet Amphibien, Igel, Vögel.

– Zu starke Beunruhigung der Brutvögel in stadtnahen Waldgebieten, etwa durch Wanderer und Jogger. Es wurden übrigens auch schon Fälle bekannt, in denen menschliche »Eindringlinge« von Greifvögeln angegriffen wurden.

Grundsätzlich von Nachteil ist die übertriebene Fütterung von sich rasch an den Menschen gewöhnenden Vogelarten, vor allem von Wasservögeln. Mitunter bezieht sich das auch auf Eichhörnchen. Dadurch erfolgt eine unnatürlich hohe Vermehrung der ungefährdeten Arten, und somit wird einer Ver-

Sekundärbiotope

drängung der scheueren Arten Vorschub geleistet. Insbesondere ist die Winterfütterung, auch in Gärten und Parks, weitgehend abzulehnen. Damit werden nur die hier überwinternden Arten bevorzugt. Unter ihnen erfolgt dann kaum noch eine natürliche Auslese; ihr Bestand erhöht sich, und das geht zwangsläufig auf Kosten der Zugvogelarten, die viele ihrer Plätze bei der Rückkehr von »durchgefütterten« Arten besetzt finden. In diesem Fall schlägt gutgemeinte Tierliebe tatsächlich in das Gegenteil um. Allgemein sollte sowieso kein »Haustier-Verhältnis« angestrebt werden, auch wenn dies in der Praxis, aus teilweise verständlichen Gründen, kaum zu verhindern ist.

Erhaltungs- und Schutzmaßnahmen

Fauna und Flora der Siedlungsbereiche sollten stets kartiert werden, damit geeignete, jeweils spezifische Biotop- und Artenschutzmaßnahmen eingeleitet werden können. Dazu gehören auch Überwachungsmaßnahmen. Freiwillige Mitarbeiter sind hierfür – teilweise auch, aber nicht nur aufgrund der »kurzen Wege« – erfahrungsgemäß leichter und in höherer Zahl zu gewinnen als für Schutzmaßnahmen »in freier Wildbahn«.

Steinbrüche

Steinbrüche sind ebenso Abbaugebiete wie die nachfolgend aufgeführten Sandgruben etc. Dementsprechend mag die Trennung auch etwas künstlich erscheinen. Der Begriff »Steinbruch« soll hier aber stellvertretend für alle eher trockenen Abbaugebiete stehen, während die letztgenannten wechselfeuchte Areale sind, die, da unterschiedlicher strukturiert, mit größerer Berechtigung als »Biotopkomplexe« einzustufen sind.

Beschreibung

In gewissem, aber nicht zu verallgemeinernden Gegensatz zu Naßabbaugebieten werden Steinbrüche in der Regel erst nach ihrer Stillegung für Fauna und Flora interessant.
  Typisch sind hier die extremen Temperaturunterschiede, denn die hitzereflektierenden Steilwände halten die Sonnenwärme, saugen sie gleichsam auf. So kann die Temperatur im Sommer schnell ansteigen und auch nachts noch über dem Durchschnitt liegen. Im Winter kann es dafür – relativ zur Umgebung – sehr kalt werden. Weil es in Steinbrüchen nach den ersten Frühjahrssonnenstrahlen schon recht warm werden kann, grünt und blüht es hier früher als in der Umgebung. Folglich können einige Insektenarten in diesen Bereichen schon im März Nektar und Pollen sammeln. Kennzeichnend für Steinbrüche sind auch abwechslungsreiche Kleinräume: unterschiedliche Neigung

der Felswände, Schotterhalden, kleinere und größere einzelne Bruchsteine schaffen kleinräumige, vielseitige Lebensbedingungen.

Je nach den geographischen, geologischen und mikroklimatischen Bedingungen – absolut trocken/stellenweise Feuchtzonen/eingesträute Kleingewässer – siedeln sich sehr unterschiedliche Tier- und Pflanzengesellschaften in Steinbrüchen an. Sind, was vor allem in größeren Steinbruchareale vorkommt, alle drei erwähnten mikroklimatischen Bedingungen erfüllt, ist die Fauna und Flora entsprechend heterogen, und um so weniger lassen sich verallgemeinernde Aussagen über Artenvorkommen machen. In diesem Fall hat man gleichsam eine »bunte Auswahl« von Vertretern verschiedenster Biotop-Formen vor sich; der »Steinbruch-Charakter« nähert sich dem der Grubenareale. Als gewisse Indikatoren für die unterschiedlichen Steinbruchformen – Übergänge sind oft fließend – seien stellvertretend für alle anderen Arten die Reptilien erwähnt. Fast alle heimischen **Reptilienarten** leben in der einen oder anderen Steinbruchart.

Ist ein Steinbruch eher trocken und enthält keine oder fast keine Feuchtareale, so finden sich Zauneidechse, Schlingnatter, eventuell auch Mauereidechse, Aspisviper, Smaragdeidechse und Äskulapnatter ein. Die beiden letzteren Arten bevorzugen buschreicheres Gelände; die Smaragdeidechse akzeptiert darüber hinaus auch feuchte Zonen.

In einem trockenen Steinbruch mit wechselfeuchten Zonen, örtlich hoher Bodenfeuchtigkeit oder -nässe, in dem sich mitunter temporäre, stehende Gewässer bilden, siedeln sich Waldeidechse, Blindschleiche, Kreuzotter, Ringelnatter, eventuell auch Zauneidechse und Smaragdeidechse an.

Die jeweils besonderen Verhältnisse von Steinbrüchen werden auch durch die Art des Gesteins und die horizontale und vertikale Ausbreitung der Steinwände mitbestimmt. Die Vertreter von Fauna und Flora können dieselben wie die der Felswände, der vertikalen Erdaufschlüsse, Trocken- und Halbtrockenrasen, eventuell auch die der Heidelandschaften sein – und dies sind, wie beschrieben, allesamt Biotope von ökologisch ungeheuer großer Bedeutung.

Steinbrüche stellen also gleichsam Auffangbiotope, Refugien für teilweise hochgradig bedrohte Tier- und Pflanzenarten dar. Ebenso wie Grubenareale bieten sie vielen Arten allerletzte Rückzugsmöglichkeiten. Der Wert dieser Gelände wurde von Ökologen schon vor langem erkannt. Allerdings kollidieren deren Interessen mit rein wirtschaftlichen Gesichtspunkten stärker als man dies in bezug auf die meisten anderen Biotopformen sagen kann. Nach Meinung vieler Landschaftsarchitekten haben Steinbrüche etwas »Unschönes« an sich, sie gelten als »Wunden in der Landschaft«, die es tunlichst zu schließen gilt. Dieser Ansicht schlossen und schließen sich viele Politiker gerne an, vor allem, wenn sie innerhalb ihrer Gemeinde oder ihrem Kreis auf der Suche nach einer Erddeponie waren und sind.

Gefährdungsfaktoren

Aus oben Erwähntem geht hervor, daß die größte Gefahr für Steinbrüche also im Auffüllen mit Erdaushub oder Müll besteht. Letzteres erfolgt nicht selten

Sekundärbiotope

auch entsprechenden Verboten zum Trotz. Das hat dann in der Regel eine Kettenreaktion zur Folge, denn wo erst einmal ein wenig Müll liegt, stellt sich weiterer, nach dem »Nachahmerprinzip«, quasi wie von selbst ein.

Nutzung für land- und forstwirtschaftliche Zwecke bedeutet das »Aus« für Pflanzen und Tiere der Steinbrüche.

Eine besondere Bedrohung stellt für Steinbrüche die Nutzung als Motocross-Gelände dar, weil ihr ökologischer Wert oft nicht hoch genug eingeschätzt wird. Aus dem gleichen Grund werden leider auch gern militärische Übungen in Steinbrüchen abgehalten. Beides führt zu einer nachhaltigen Störung von Fauna und Flora, nicht selten auch deren Zerstörung.

Sehr negativ ist auch die Anlage von Grillplätzen, für Camping- und Zeltlager.

Verbuschung, das Zuwachsen des Geländes, verändert die mikroklimatischen Verhältnisse erheblich.

Erhaltungs- und Schutzmaßnahmen

Steinbruchareale sollten, wo immer nur möglich, unter Schutz gestellt werden. (s. dazu Kapitel »Behörden«, S. 72ff.)

Um ein allmähliches Zuwachsen, vor allem durch Bäume und Sträucher, zu verhindern, ist regelmäßiges Mähen, im Herbst oder Spätherbst anzustreben. Eine Abfuhr des Mähgutes ist sinnvoll; allerdings können auch Holzteile und Mähgut – sofern es sich nicht um schlecht verrottende Fichtennadeln handelt – an einem geeigneten sonnigen oder halbsonnigen Platz deponiert werden, da damit Brut- und Unterschlupfmöglichkeiten für Wirbellose und Reptilien geschaffen werden. Auch das Einbringen von dickstämmigem Totholz in sonnigen Lagen führt zu einer Vermehrung der Brut- und Unterschlupfplätze.

In sehr vielen Fällen ist es auch möglich, aufgelassene, zugewachsene Steinbrüche ökologisch wieder zu »aktivieren« (s. dazu Kapitel »Ein Beispiel praktischen Naturschutzes«, S. 90ff.) Dies geschieht vor allem durch Abholzen von hochgewachsenen (Nadel-)Bäumen, mit Ausnahme von Tanne und Kiefer.

Sandgruben, Kiesgruben, Lehmgruben u. a.

Beschreibung

Diese teils trockenen, teils feuchten, teils nassen Areale können noch mehr als Steinbrüche ein Konglomerat verschiedenster Biotope darstellen: im besten und gar nicht einmal so seltenen Fall sind Grubengelände eine Kombination aus Steilwänden, vertikalen und horizontalen Erdaufschlüssen, Trocken- und Halbtrockenrasen, Feucht- und Naßwiesen, Fließ- und Stillgewässern und deren Röhrichtzonen sowie mitunter noch anderer Biotopformen. Dement-

Sandgruben, Kiesgruben, Lehmgruben u.a.

sprechend unterschiedlich (und umfangreich!) ist die Arten- und Individuenzahl von Tieren und Pflanzen. Etwas überspitzt ausgedrückt könnte man sagen, daß man es bei diesen Grubengeländen fast mit einer Art zoologisch-botanischen Garten zu tun hat, in welchem auf benachbartem, aber unterschiedlichem Areal die verschiedensten Formen tierischen und pflanzlichen Lebens entdeckt werden können.

Wie Steinbrüche, beherbergen auch Grubenareale Mangelbiotope, deren ökologischer Wert von enormer Bedeutung ist. Im Gegensatz zu (vielen) Steinbrüchen spielt hier aber der Faktor Nässe und Feuchtigkeit eine maßgebliche Rolle. Besonders wesentlich ist die Funktion der Gruben als Ersatz für immer seltener zu findende Schotter- und Altwasserzonen der Flußauen. Diese ursprünglichen, sich ständig verändernden Landschaften, die vor allem von ortsflexiblen Pionierbewohnern besiedelt wurden, werden durch Grubenareale einigermaßen adäquat ersetzt. Indikatoren schlechthin sind in diesem Zusammenhang viele **Amphibienarten**, in erster Linie eben solche, die ursprünglich die erwähnten Naturlandschaften besiedelt haben. Grubenareale bieten ihnen in weiten Teilen Deutschlands, Österreichs und der Schweiz die allerletzte Überlebensmöglichkeit. Pioniersiedler, also vor allem Arten, die in temporären, warmen, sonnigen, flachen Gewässern laichen, sind bei uns fast nur noch hier zu finden, so z. B. Kreuzkröte, Wechselkröte, Geburtshelferkröte, Laubfrosch, auch Gelbbauchunke, Kammolch und Teichmolch. Häufig stellen sich sämtliche, innerhalb der jeweiligen Umgebung überhaupt vorkommende **Lurcharten** in solchen Gruben ein, treten also regelrecht konzentriert auf, was nicht nur die Arten-, sondern auch die Individuenzahl angeht.

Dasselbe gilt für die **Wirbellosen**; man kann fast immer davon ausgehen, daß man in und in der Umgebung von Grubenarealen nicht nur die meisten, sondern auch die seltensten, spezialisiertesten Arten vorfindet. Für die Flora, die aus Pionier-, Trockenrasenpflanzen sowie wärmeliebenden Pflanzen besteht, läßt sich ähnliches sagen. Von den möglicherweise vorkommenden **Vogelarten** seien die primären Bewohner **ehemaliger Wildflußgebiete** wie etwa Uferschwalbe und Flußregenpfeifer genannt, von den **Reptilien** Zauneidechse, Ringelnatter, Schlingnatter, Waldeidechse, Blindschleiche. Röhrichtzonen von Wasserstellen der Gruben sind Ruhe-, Nist- und Aufenthaltplatz für diverse Vogelarten; ebenso wichtig sind seichte und offene Wasserstellen als Jagdrevier für Vögel (Reiher, eventuell Weißstorch), **Fledermäuse** und manch **andere Säuger** wie Wasserspitzmaus oder Iltis. Genau wie in Steinbrüchen wird aufgrund des Kesselcharakters vieler Gruben und der damit verbundenen höheren Temperaturen die Fauna und Flora im Jahreslauf frühzeitiger aktiviert als in der Umgebung. Entsprechend lange zieht sich deren Aktivitätszeit auch weiter in den Herbst hinein. Dies läßt sich besonders gut bei Vertretern der Wirbellosen, z. B. Schmetterlingen, Libellen sowie bei Amphibienarten beobachten.

Sekundärbiotope

Gefährdungsfaktoren

Grundsätzlich gilt hierbei das, was schon bei der Gefährdung der Steinbrüche erwähnt wurde. Es kommen allerdings noch einige weitere Punkte hinzu:

- Die Nutzung größerer Wasserflächen zu Freizeitaktivitäten (Rudern, Surfen, Schwimmen etc.) führt zur Störung der Fauna und Flora.

- Von großem Nachteil ist auch die Nutzung größerer und kleinerer Wasserflächen als Fischteiche. Der Fischeinsatz in Gewässern, in denen, vor allem wegen ihrer Größe, von Natur aus gar keine Fische vorkommen können, ist generell abzulehnen, da erhebliche negative Auswirkungen auf Amphibien und Wirbellose, aber auch auf Pflanzen zu erwarten sind. Ein weiterer nachteiliger Aspekt ist aber auch noch die Störung – vor allem von Brutvögeln – durch Angler.

- Mitunter besteht auch Gefahr durch die Aussetzung fremdländischer Fisch- (vor allem Goldfisch) und Amphibienarten. So bieten Grubenareale manchmal recht gute Lebensbedingungen für Japanische Feuerbauchmolche, Südeuropäische Marmormolche oder Nordamerikanische Ochsenfrösche. Es wurden schon Bildungen von überlebensfähigen und ausbreitungsbereiten Populationen dieser Art bekannt. Dies geht selbstverständlich auf Kosten der heimischen Arten, denn erstere sind Nahrungskonkurrenten der letzteren, teilweise auch echte Freßfeinde (Ochsenfrosch), und eventuell mischen sie sich auch mit heimischen Amphibien (Marmormolch mit Kammolch), was zu nicht überlebensfähigen Bastard-Populationen führt.

- Erwähnt sei auch noch, daß Grubenareale aufgrund ihrer Kesselform und ihrer oft verkehrsgünstigen Lage noch eher zum Auffüllen »einladen« als Steinbrüche.

Erhaltungs- und Schutzmaßnahmen

Der Düngereintrag aus benachbarten, landwirtschaftlich intensiv genutzten Gebieten ist zu verhindern. Deshalb ist eine Trennung zwischen Gruben und Landbaugelände durch Pflanzung einer möglichst mehrreihigen Hecke anzustreben. Hierfür sollten vor allem dornentragende Büsche wie Schlehe, Weißdorn, Hundsrose verwendet werden. Auch Weiden, Espen und Hasel sind zu empfehlen; von billigen, aber schwachastigen Ligustersteckllingen ist eher abzuraten. Dank der Bepflanzung erhält die Fauna noch größere Ausbreitungsmöglichkeiten. Allerdings darf damit keine Beschattung der Süd-, Südwest- und Südosthänge verbunden sein.

Menschliche Gestaltungsmaßnahmen – als Ersatz für ursprünglich natürliche Kräfte – sind auf Dauer wohl unerläßlich. Vor allem gilt dies für die Beseitigung zu hohen Gehölzaufwuchses an den sonnenexponierten Teilen des Geländes. Am Nordrand von Gewässern (und generell in nördlichen

Grubenteilen) sollte jedoch Buschaufwuchs bestehen bleiben, zumal dies für den Laubfrosch – vor allem Brombeergestrüpp und Weiden – von Vorteil ist bzw. diese Art erst zur Besiedelung einlädt.

Alle nichtheimischen Arten sollten weggefangen werden. Was Goldfische und andere fremdländische Arten und Zuchtformen angeht, so wird mitunter das Aussetzen einiger großer Hechte empfohlen, die »nach getaner Arbeit« wieder herausgefangen werden können. Allerdings sollten Hechte erst im Spätsommer bzw. Frühherbst eingesetzt werden, damit andere Wasserbewohner – z. B. Lurch- und Libellenlarven – nicht unter solchen Maßnahmen zu leiden haben. Ein etwas problematischer Tip also, dessen Ausführung gut überwacht werden muß, denn die Fische sollten auch schon vor dem nächsten Frühjahr wieder abgefischt werden – und dies ohne die im Wasser überwinternden Amphibienarten zu stören. Dennoch scheint ein solcher einmaliger »brutaler« Eingriff in die Fauna sinnvoller zu sein, als die »Fremdfische« auf Dauer gewähren zu lassen.

Manchmal kommt es zwischen den verschiedenen Interessengruppen, also Naturschützern, Grubenbesitzern, Gemeinden, zu einer Einigung, die darauf hinausläuft, daß Gruben nur teilweise zugeschüttet werden sollen, ein Restareal also als Biotop erhalten bleibt. Diese Lösung ist sicher erheblich besser als die Gesamtzuschüttung, nur sollte man sich davon keine Wunderdinge erhoffen. Man kann nicht davon ausgehen, daß bei Zuschüttung der Hälfte der Grube auch die halbe vorherige Populationsdichte »übrigbleibt«; im Gegenteil: die Populationsdichte kann sich während der Auffüllungszeit leicht auf 25 % und weniger verringern, denn erstens geschieht das Zuschütten meist unkontrolliert. Man kann schließlich von den Auffüllern auch nicht erwarten, daß sie über die notwendige ökologische Fachkenntnis verfügen, welche Bereiche gar nicht oder zumindest zu einer bestimmten Jahreszeit nicht aufgefüllt werden dürfen. Und zweitens werden bei solchen Maßnahmen, ob aus Interesselosigkeit, oder sogar aus Aversion gegenüber Naturschützern, wertvolle Geländeteile wie Kleingewässer zugeschüttet oder befahren; bodenüberwinternde Arten haben oft keine Chance mehr, sich nach der Winterruhe aus einer mittlerweile meterdicken Erd- und Schuttschicht zu befreien. Es ist außerdem das schon bei den Steinbrüchen erwähnte »Nachahmerprinzip« zu beachten, nämlich daß einmaliger oder wiederholter Erd-, Schutt- und Mülleintrag, der von Behörden genehmigt wurde, zu weiteren privaten Zuschüttungsmaßnahmen regelrecht animiert.

Ein besonderer Aspekt, der alle Abbau- und Abbruchareale gleichermaßen betrifft, sollte noch erwähnt werden: Es gilt für Naturschützer, ständig darauf hinzuarbeiten, daß der Wert derartiger Gelände einer breiteren Öffentlichkeit bekannt wird. Gleichzeitig darf aber z. B. einer Gemeinde, die ein solches Gebiet unter Schutz stellen läßt, d. h. Ersatzgebiete für Primärbiotope schafft, kein Alibi für das weitere Zerstören von Primärbiotopen geliefert werden. Auf seiten der Naturschützer ist gerade in solchen Fällen viel Fingerspitzengefühl erforderlich.

Allgemeine Aspekte des Naturschutzes

Kartierungsmaßnahmen

Es klingt lapidar, aber es ist nun einmal so und kann auch gar nicht oft genug erwähnt werden: Wer willens ist, praktischen Naturschutz zu betreiben, muß erst einmal herausfinden, mit welchen Tier- und Pflanzenarten er es auf dem – zum Schutz, zur Betreuung, zur Erweiterung – gewählten Gebiet überhaupt zu tun hat. Ohne dieses Basiswissen kann Naturschutz zum Fiasko führen. Es ist gar nicht selten, daß Naturschützer, die nicht über ausreichende Detailkenntnisse verfügen, bestimmte Gebiete – da oft nach überlieferten, rein menschlichen Gesichtspunkten urteilend – weit überschätzen, während sie »unscheinbare« Gebiete oder deren Teile ökologisch unterbewerten.

Also gilt es zunächst, eine möglichst lückenlose Bestandsaufnahme der Fauna und Flora in dem betreffenden Gebiet zu machen. Dabei sollten erfaßt werden:

– alle entdeckten Arten,
– jeweilige (meist geschätzte) Individuenzahl,
– klimatische (Sonnenexposition) und geologische Gegebenheiten (Sand-, Kies- oder Lehmboden etc.),
– Nachbarschaftsaspekte (wie sieht die Umgebung aus? Wald, Feld, Siedlung, Straße etc.),
– geographische Bedingungen (z. B. die Höhenlage)

Je genauer die Untersuchungen sind, desto besser; zum Beispiel können auch noch Wasserwerte gemessen werden – Säure-, Nitrit-, Sauerstoffgehalt etc; geeignete Meßinstrumente sind im Zoohandel und bei Firmen, die Chemiebedarf anbieten, zu erwerben. Festgehalten werden sollte in jedem Fall auch der jeweilige Grad der Bedrohung des Gebietes.

Der erste Schritt ist der, sich die oben erwähnten Aspekte vor Ort zu notieren, der zweite besteht darin, sie anschließend in **Kartierungsbögen** zu übertragen. Diese Unterlagen erhält man bei den im Anhang angegebenen Adressen – oder man erfährt dort zumindest, an wen man sich wenden sollte, um sie zu erhalten. Diese Stellen versenden auch Begleitbögen, in denen angegeben wird, wie die Bögen richtig auszufüllen sind. Um dies überhaupt gewährleisten zu können, braucht man noch weiteres »Handwerkszeug«, und zwar Kartenmaterial. Unerläßlich für Kartierer sind die **Topographischen Karten** im Maßstab 1:25 000. Sie liegen flächendeckend vor, und man kann sie in Buchhandlungen oder im Katasteramt des Landkreises erhalten. In ihnen sind, was sie sehr übersichtlich macht, prägende Landschaftselemente, wie zum Beispiel Bäche, Tümpel und Hecken eingezeichnet.

Man sieht, daß bei Kartierungen viel Schreibarbeit auf einen zukommen kann, und, da mache man sich nichts vor, es ist auch wirklich so. Deshalb hören nicht wenige Kartierer schon bei »Schritt 1« mit ihrer Arbeit auf; doch das macht nichts, wenn sie ihre Ergebnisse an jene, die sich vor »Schritt 2« nicht scheuen, weiterleiten. Das Stichwort heißt also: Arbeitsteilung. Sinnvoll kann es dabei auch sein, wenn man die Lokalpresse bittet, einen Aufruf zur Mitarbeit bei Kartierungen zu veröffentlichen – unter Angabe der eigenen Telefonnummer, versteht sich. Mindestens aber sollte man einen Aufruf in der Lokalpresse starten, in dem darum gebeten wird, Vorkommen bestimmter Arten oder gesamter Biotope – und sei es auch im eigenen Garten – zu melden. Das lohnt sich in sehr vielen Fällen; man lernt nicht selten Biotope und Vorkommen kennen, von deren Vorhandensein man sonst nie etwas erfahren hätte. Man muß dann nur noch vor Ort gehen und die Angaben nachprüfen.

Da wohl kaum jemand eine wirklich hieb- und stichfeste Gesamtkenntnis sämtlicher heimischer Fauna- und Floragruppen aufweisen kann, sind zur exakten Beurteilung des ökologischen Wertes eines bestimmten Gebietes Fachleute mit Spezialwissen einzuschalten. Dieser Rat mag unnötig wirken, da selbstverständlich, wird in der Praxis aber oft nicht befolgt, obwohl er leicht umzusetzen ist.

Es gibt eine Menge Naturschützer, die sich fast ausnahmslos der Kartierungstätigkeit verschrieben haben. Sie bieten mit ihren Unterlagen gleichsam den theoretischen Unterbau für alle späteren praktischen Schutzmaßnahmen. Aus diesem Grund muß eine falsche Kartierung ausgeschlossen werden können. Es gilt, bei der Auswahl der helfenden Fachleute strenge Maßstäbe anzulegen. Sind Kartierungsergebnisse erst einmal falsch, greifen auch die Schutzmaßnahmen nicht. Aus der naturschützerischen Praxis lernt man, daß es drei »Arten« von Kartierungswilligen gibt: erstens die »Realisten« – die zum Glück wohl in der Mehrzahl sind –, die exakte Ergebnisse weiterleiten; zweitens die »Mutmaßer«, die nach grober Betrachtung eines Gebietes recht schnell auf das Vorkommen bestimmter Arten schließen, ohne nähere Untersuchungen angestellt zu haben; drittens die »Aufschneider«, die vom Willen beseelt möglichst viele seltene Arten zu entdecken, diese dann auch tatsächlich »finden«. Letztlich tragen sie mit ihren seltsamen Meldungen aber nur zur Verwirrung bei und machen viele sinnvolle Kartierungsbemühungen von anderen zunichte.

Die Kartierungsergebnisse sollten in jedem Fall an die Untere und Obere Naturschutzbehörde des Kreises bzw. des Landes weitergereicht werden, am besten an so viele Behördenvertreter wie nur irgend möglich. Auch wenn diese Arbeit Zeit – und das Kopieren der Papiere Geld – kostet, so weiß man doch definitiv, daß es einer Behörde dann hinterher nicht mehr möglich ist zu erklären, sie »habe von dem Wert eines Biotops nichts gewußt«.

Ebenfalls unerläßlich ist eine Weitergabe der Kartierungsunterlagen an zentrale Sammelstellen, wie es sie in jedem Bundesland und auch in Österreich und der Schweiz gibt. (Adressen s. Anhang). Derartige Kartierungssammelstellen geben häufig Publikationen über das Vorkommen von einzelnen Tier- und Pflanzengruppen in den jeweiligen Bundesländern oder Kantonen heraus. Über das Vorkommen von Vogelarten, Amphibien, Blütenpflanzen in einzelnen Regionen, Landkreisen oder Bundesländern kann man sich so rasch einen Überblick verschaffen.

Eine Zusammenarbeit mit solchen Stellen ist unbedingt wünschenswert, kann man doch einerseits durch Weitergabe eigener Ergebnisse zur flächendeckenden Kartierung beitragen, und andererseits durch Abrufen bereits vorliegender Resultate eigene Kartierungsarbeiten erleichtern.

Eine Weitergabe dieser Daten an die Presse ist dagegen eher mit Skepsis zu betrachten, vor allem dann, wenn dies mit einer genauen Schilderung der jeweiligen Örtlichkeiten in der Lokalpresse verbunden ist. Es gibt, wie man leider feststellen muß, einige »Tier- und Pflanzenfreunde«, die nicht lange zögern, ein für sie interessantes Gebiet heimzusuchen, um dort z. B. Orchideen zu pflücken oder Lurche zu keschern. Ist das betreffende Gebiet allerdings ohnehin schon weitgehend zerstört, gilt dieser Einwand meist nicht. (s. Kapitel »Öffentlichkeitsarbeit«.)

Behörden

Kontakte

Man erlebt nicht selten, daß sich Naturschützer vor Kontakten zu Behörden regelrecht grauen; der weniger erfahrene Schutzwillige, »weil ihm Behördenkontakte ohnehin zuwider sind«, der erfahrene, »weil dort alles so langsam geht«. Nichtsdestoweniger sind diese Beziehungen aber unerläßlich. Schließlich ist Naturschutz von allgemeiner Bedeutung, von öffentlichem Interesse, und »kleine, private Schutzmaßnahmen«, auf eigene Faust betrieben, wirken – innerhalb des öffentlichen Naturschutzes erbracht –meist etwas hilflos, sind wenig effektiv und somit der Sache nicht dienlich. Hat man also einen schutzwürdigen Biotop entdeckt, und sind auch entsprechende Kartierungsmaßnahmen erfolgt, wendet man sich mit seiner Entdeckung sowohl an die Untere Naturschutzbehörde (bei der Kreis- oder Stadtverwaltung angesiedelt) als auch an die Obere Naturschutzbehörde beim Regierungsbezirk und stellt einen Antrag auf Unterschutzstellung dieses Biotops. Dies erfolgt auf schriftlichem Weg, und zwar mit möglichst sofort umfangreicher Begründung. Daß man sich damit an mehr als eine Behörde wendet, ist nicht immer nötig, zumindest anfangs aber sinnvoll, und zwar bis man weiß, welche Brief- und Ansprechpartner die jeweils kompetentesten und interessiertesten sind. Um dies herauszufinden, werden zunächst wohl – neben den schriftlichen – auch diverse mündliche Kontakte nötig sein, am besten mit möglichst vielen Behördenvertretern. In Landratsämtern sitzen mitunter nämlich wenige Kräfte, die besondere Fachkenntnisse im Naturschutz haben. Das hängt damit zusammen, daß diese Behördenvertreter im Lauf der Zeit abwechselnd mehrere, unterschiedliche Behördenfunktionen ausfüllen müssen; so kann z. B. ein momentaner Ansprechpartner der Unteren Naturschutzbehörde eventuell schon nach kurzer Zeit in der Straßenbaubehörde fungieren oder umgekehrt. Damit geht dann ein bereits eingeweihter und bekannter Ansprechpartner verloren. Wie oft und wann Mitarbeiter der Unteren Naturschutzbehörden wechseln, ist natürlich von Bundes- zu Bundesland und von Land- zu Landkreis verschieden, eines aber ist sicher richtig: In jeglichem Zweifelsfall wende man sich lieber an »Schmitt als an Schmittchen«.

Für den Naturschützer ist es selbstverständlich wichtig zu wissen, was eine »Unterschutzstellung« überhaupt bedeutet. Es können sowohl Lebensräume als auch ganze Landschaften zu Schutzgebieten erklärt werden. Man kennt zwei Größenordnungen mit jeweils zwei Schutzgraden. Einzelne Lebensräume können zu **Naturdenkmalen** oder zu **Geschützten Landschaftsbestandteilen** erklärt werden. Im ersten Fall bedeutet das: strenger Schutz einschließlich der jeweiligen Umgebung, im zweiten: Schutz nicht nur bestimmter Objekte, sondern auch ganzer Biotop-Typen, z. B. Gewässer, Hecken etc. Größere Flächen können zu **Naturschutzgebieten** oder **Landschaftsschutzgebieten** erklärt werden, wobei anzumerken ist, daß für erstere strengere Schutzbestimmungen gelten. Das allerwichtigste ist jedoch ohnehin nicht, daß Gebiete oder deren Teile pro forma geschützt werden, sondern daß die Schutzbestimmungen dann auch eingehalten werden! Dies ist in der Praxis das größte Problem.

Es ist im Grunde nicht einmal so wichtig, ob man einen Biotop unter Schutz stellen lassen möchte, der noch mehr oder weniger intakt ist, dem aber aus dem einen oder anderen Grund Gefahr droht, oder ob man ein Gelände schützen möchte, das bisher intensiv genutzt wurde, das aber aufgrund seiner Struktur ohne allzu große Mühe in einen intakten Biotop (zurück)verwandelt werden könnte. Im letzteren Fall ist »lediglich« eine detailreichere Argumentation, das Darlegen einer logischen, einleuchtenden Strategie erforderlich.

Ungleich wesentlicher ist es, ob sich das Gebiet in staatlicher oder in privater Hand befindet. Trifft ersteres zu, ist alles noch relativ einfach: man unternimmt eine Begehung des entsprechenden Geländes, an welcher neben Vertretern der Naturschutzbehörde, der Gemeinde und Naturschützern etwa auch Mitarbeiter des Wasserwirtschaftsamtes, des Liegenschaftsamtes oder des Forstamtes teilnehmen können. Herrscht am Ende die allgemeine Überzeugung vor, daß es sich bei dem Gelände um ein schutzwürdiges (oder um eines, das nach Umgestaltung schutzwürdig wäre) handelt, kann einigermaßen problemlos eine Unterschutzstellung und damit auch Erhaltungs- und Rettungsmaßnahmen in die Wege geleitet werden. Mögliche Verbesserungs- und/oder Erweiterungsvorschläge sollten – vor allem, wenn sie Geld kosten – von Naturschützern gleich aufgeführt werden. Dann wissen die Ämtervertreter rechtzeitig, daß auch finanzielle Erwartungen in sie gesetzt werden. Man sollte mit diesbezüglichen Ansprüchen aber nicht übertreiben, denn wenn es um die Herausgabe von Geldern geht, zucken auch wohlwollende Behördenvertreter oft erschrocken zusammen. Aufgeführt werden können, wenn es um finanziellen Ausgleich geht, nur Fremdleistungen wie etwa Baggerarbeiten, oder Kauf von Materialien, z. B. Sand, Steine, Büsche. Man sollte diese Kostenliste nach vorausgegangener Erkundigung einigermaßen genau parat haben und den

Behörden

Behördenvertetern auch mitteilen, welche Arbeiten von welcher Firma ausgeführt werden bzw. welches Material von wem geliefert wird. Sinnvollerweise erkundigt man sich gleich, »ob eine schriftliche Eingabe des Kostenüberschlags mit nachfolgender schriftlicher Bestätigung und Bereitstellungsbewilligung desselben nötig ist«; das ist sehr schönes Amtsdeutsch und heißt im Klartext nur, daß man fragen soll, ob man auf eine schriftliche Zusage der Kostenübernahme warten soll, bevor mit der Arbeit begonnen wird. Wichtig ist auch, daß von vornherein ausgemacht wird, daß anfallende Kosten nicht etwa zunächst von Naturschutzorganisationen ausgelegt werden, sondern daß entsprechende Rechnungen – zur prompten Erledigung – an die hierfür zuständige Behörde weitergeleitet werden können.

Kommen wir aber nun zur zweiten Möglichkeit, also der, daß sich das Gebiet in privater Hand befindet; das ist häufiger der Fall. Eine Begehung findet dann prinzipiell auf dieselbe Art und Weise statt – mit dem wichtigen Unterschied, daß nun nicht mehr Naturschützer und Naturschutzbehörden im Mittelpunkt stehen, sondern der Eigentümer des Geländes. Gehen wir einmal vom Durchschnittsfall aus: Der Eigentümer ist gewillt, seinen Besitz unter Schutz stellen zu lassen bzw. diesen zu verkaufen, und er steht auch dem Naturschutzgedanken eher halbherzig gegenüber; die Behördenvertreter wissen ihrerseits, daß sie dem Eigentümer einen materiellen Ausgleich – Geld oder ein Ersatzgelände – anbieten müssen.

Klar ist, daß von seiten der Naturschützer bestmögliche Überzeugungsarbeit geleistet werden muß, und das gilt vor allem gegenüber dem Eigentümer, der in der Regel von allen Beteiligten das geringste Fachwissen aufweist. Dieser darf sich in keiner Weise »auf den Schlips getreten« fühlen, er darf nicht das Gefühl bekommen, es bei seinen Gesprächspartnern mit arroganten, »versponnenen«, hochtrabend daherredenden »Öko-Freaks« zu tun zu haben, die den Wert irgend einer kleinen Libelle über den des Menschen, namentlich dessen wirtschaftliches Interesse stellen wollen. In dieser Beziehung machen Naturschützer nicht selten Fehler: Sie gehen nämlich zu sehr von sich, von ihren Idealen aus, vergessen dabei aber, daß ein unter Schutz gestelltes und/oder verkauftes Gelände für den Eigentümer »ökonomisch aus dem Betrieb genommen« ist. Das heißt, daß die finanzielle Entschädigung für den Eigentümer häufig geringer ist als das Einkommen, das bei weiterer Bewirtschaftung zu erwarten gewesen wäre.

Solche Unterhaltungen sind oft nicht einfach. Man sollte sich, wenn man auf Zweifel oder gar Ignoranz des Gesprächspartners stößt, trotzdem lieber zurückhalten, freundlich, sachlich klar und vor allem: verständlich reden. Aufzählungen von Tier- und Pflanzennamen auf lateinisch wirken nicht nur ausgesprochen gestelzt, sondern nützen auch nichts! Diese Gespräche erfordern »Nerven«, und wenn man die selbst nicht hat, sollte man lieber jemanden hinzuziehen, der dafür besser geeignet ist. Gespräche sind aber auf jeden Fall sinnvoller als schriftliche Kontaktaufnahmen mit dem Eigentümer, der, was häufig zu erleben ist, mit »Papierkram« nichts am Hut hat.

Da die Unterschutzstellung im Naturschutz eine zentrale Stellung einnimmt, werden Ablauf und Ergebnisse im folgenden noch einmal Schritt für Schritt zusammengefaßt (nach Erz, 1980):

Die Unterschutzstellung eines Gebietes läuft nach folgenden Verfahrensschritten ab:

1. Für ein bestimmtes Gebiet wird von Privatpersonen, Vereinigungen, Naturschutzbeauftragten, Naturschutzbeiräten, Kreis- oder Gemeindebehörden, einem wissenschaftlichen Institut o. ä. ein Antrag auf Erklärung zum Naturschutzgebiet an die zuständige Behörde (Bezirksregierung, Länderministerium) gerichtet.
2. Die für Naturschutzgebiete zuständige Behörde prüft den Vorschlag.
3. Von der Fachbehörde des betreffenden Bundeslandes (Landesanstalt oder -amt etc.), einem Hochschulinstitut, einer wissenschaftlichen Vereinigung, Einzelwissenschaftlern, dem Naturschutzbeauftragten oder anderen wird dann in der Regel ein Fachgutachten eingeholt. Dieses kann allerdings zur Beschleunigung des Verfahrens dem Antrag beigefügt werden.
4. Unter Hinzuziehung des Naturschutzbeirates der Behörde oder des Naturschutzbeauftragten entscheidet die zuständige Naturschutzbehörde darüber, ob der Antrag angenommen wird. Bei Eilbedürftigkeit kann eine einstweilige Sicherstellung befristet auf bestimmte Zeit in einem Schnellverfahren erwirkt werden.
5. Bei Annahme des Antrages wird von der zuständigen Behörde unter Beteiligung des jeweiligen Beirates und anerkannter Naturschutzverbände ein Entwurf einer Rechtsverordnung für das künftige Naturschutzgebiet erstellt.
6. Dieser Entwurf muß nun mit anderen Behörden, die von der Unterschutzstellung betroffen sind, abgestimmt werden.
7. Es folgt die öffentliche Auslegung mit dem Ziel, die von der Unterschutzstellung betroffenen, z. B. Grundstückseigentümer, Nutzungsberechtigte, Kommunal- und Fachbehörden, Körperschaften, Naturschutzbeiräte, private Interessenverbände, interessierte Einzelpersonen etc. von dem Vorhaben in Kenntnis zu setzen und ihnen die Möglichkeit zu geben, Einwände zu erheben oder auch Ergänzungen zu liefern.
8. Es kann nun auf der Grundlage der eingegangenen Stellungnahmen erforderlich werden, einen neuen Schutzverordnungsentwurf zu erstellen, der dann wiederum die Stationen 5 bis 7 durchlaufen muß.
9. Schließlich kommt es zur Veröffentlichung einer Rechtsverordnung für das Gebiet, für das die Unterschutzstellung beantragt wurde. Diese wird im Gesetz- und Verordnungsblatt des Landes oder im Amtsblatt der Bezirksregierung bekanntgegeben.

In der nun vorliegenden Rechtsverordnung finden sich dann folgende Angaben:

1. Lage und Bezeichnung des Gebietes
2. Schutzgegenstand: Größe, Grenzen, betroffene Grundstücksparzellen: Hinweis auf die zur Verordnung gehörende Karte.
3. Beschreibung des Schutzzwecks in Anlehnung an die Begriffsbestimmungen im Naturschutzgesetz.
4. Verbotsregelungen: Generalklausel des Verbots aller Handlungen, die zur Zerstörung, Beschädigung oder Veränderung des Naturschutzgebietes oder seiner Bestandteile oder zur Behinderung wissenschaftlicher Forschungen führen. Spezielle Verbote z. B. für die Errichtung baulicher Anlagen, die Anlage von Straßen, Wegen und anderen Verkehrsanlagen, die Veränderung der Bodengestalt (z. B. durch Abgrabungen), die Entwässerung oder Verän-

Behörden

> derung des Wasserhaushaltes, den Eintrag von Abfällen, das Anbringen von Schrifttafeln, das Einbringen, Entfernen, Beschädigen von Pflanzen oder Tieren einschließlich ihrer Teile und Entwicklungsformen, die Änderung der bisherigen Grundstücksnutzung, für Zelten, Lagern, Verkaufsstände und das Entzünden von Feuer.
> 5. Zulässige Handlungen (Ausnahmen von den o. g. Verboten) sind z. B. ordnungsgemäße Ausübung der Jagd und Fischerei, ggf. mit bestimmten Auflagen (zeitlicher, örtlicher oder sachlicher Art), ordnungsgemäße land- und forstwirtschaftliche Bodennutzung in der bisherigen Art und im bisherigen Umfang (ggf. unter bestimmten Auflagen), sonstige bisher rechtmäßigerweise ausgeübte Nutzungen der Grundstücke etc. in der bisherigen Art und im bisherigen Umfang einschließlich Unterhaltung und Instandsetzung der Grundstücke, Pflegemaßnahmen nach Anordnung der Behörde.
> 6. Je nach den einzelnen Schutz- und Entwicklungszielen, die u. U. in der gutachterlichen Begründung enthalten sind, können Schutz- und Pflegegebote festgelegt werden.
> 7. In Härtefällen sind Befreiungen von der Rechtsverordnung möglich.

Es sei auch noch auf ein besonderes Problem hingewiesen. Man kann heutzutage immer häufiger auf Eigentümer ökologisch sehr wertvoller Gebiete stoßen, die ausgesprochen »schlitzohrig« vorgehen und »diese neue Methode, Geld verdienen zu können«, ordentlich ausnutzen wollen. Sie neigen dazu, völlig überhöhte finanzielle Forderungen zu stellen, nach dem Motto »Wenn dieses Gelände so großartig sein soll, muß auch etwas dabei herausspringen, wenn man es schon abgibt«. In diesem Fall können Behördenvertreter wie private Naturschützer nur darauf hoffen, daß irgendwann ein für alle Seiten akzeptabler Kompromiß erzielt wird, auch wenn dabei viel Zeit verlorengeht. Zwar kann eine Behörde Druck ausüben, indem sie dem Eigentümer Vorschriften, was die Benutzung seines Geländes betrifft, erteilt, doch die Praxis lehrt, daß mancher Eigentümer dann das Gebiet auf eigene Faust mutwillig zerstört bzw. ökologisch weitgehend entwertet. Vor allem Eigentümer von Bruch- und Grubenarealen gingen, was das betrifft, schon des öfteren mit schlechtem Beispiel voran. Daß sie dafür dann wiederum bestraft werden können, ist die eine Sache; die andere ist, daß das aus der Sicht des Naturschutzes nichts nützt. Ist eine solche Entwicklung vorauszusehen, sollten Naturschützer und Behörden den Schulterschluß üben, was vor allem bedeutet, dem Eigentümer von vornherein klarzumachen, womit er zu rechnen hat – »zu rechnen« im wahrsten Sinn des Wortes –, wenn er sich nicht an entsprechende Auflagen hält.

Aus alledem wird eines klar: als Naturschützer muß man sich im Laufe der Zeit, und je früher desto besser, eine dicke Haut zulegen; wenn man sich blauäugig und naiv ans Werk macht, nur seinen »hehren Idealen« nachstrebt, wird man wenig erreichen. Man sollte vorsichtshalber damit rechnen, daß man bei Eigentümern von Biotopen, die zu Kartierungs- und Überwachungszwecken häufig von Naturschützern besucht werden, auf wachsende Aggression eben dieser Leute stoßen kann. Für manche Eigentümer ist klar: »Jetzt kommen die Naturschützer, die wollen mir was wegnehmen«, und dementsprechend ist auch ihre Stimmung. Mittlerweile hat sich z. B. unter Eigentümern von Kies- und Sandgruben herumgesprochen, daß dies für den Naturschutz sehr interessante Gebiete sind. Um überhaupt erst gar keinen Ärger mit Naturschützern und später mit Behörden bekommen zu können, verfallen manche unter ihnen auf den einfachen Trick, mit allen Mitteln zu verhindern, daß auf ihrem Gebiet ein wertvoller Biotop entstehen kann und merzen rigoros alles aus, was »irgendwie nach Natur aussieht«. Daß dies mit entsprechender Mehrarbeit verbunden ist, wird in Kauf genommen.

Um dies zukünftig verhindern zu können, muß zweierlei geschehen: zum einen muß von seiten der Behörden wie der Naturschützer noch mehr Aufklärungsarbeit geleistet werden; zum anderen muß von staatlicher Seite genügend Geld geboten werden, um Besitzer interessanter Biotope adäquat entschädigen zu können. Interesse, Zuneigung, gar Liebe zur Natur kann man nicht bei allen Menschen erreichen – wenn man allerdings mit einem gut gefüllten Geldbeutel winkt, öffnen sich überraschend schnell Türen und Tore.

Der Weg durch die Instanzen...

... kann, wie erwähnt, meist verkürzt werden, wenn man sich von Anfang an, bei allen Schutz- und Anlagemaßnahmen sowohl an untere als auch an obere Behördenvertreter wendet. Letztere können Druck auf erstere ausüben; außerdem findet man bei der Oberen Naturschutzbehörde oft engagiertere Ansprechpartner als in den –man muß es leider sagen – nicht selten gleichgültigen Vertretern der Unteren Naturschutzbehörde oder jenen der Gemeinde. Das mag wohl damit zusammenhängen, daß manchen der Gedanke an den Aufstieg in eine obere Behörde wichtiger ist als das Engagement in ihrer jetzigen Position. Nach dem Aufstieg haben sie mit dem Kreis oder der Gemeinde ohnehin nichts mehr zu tun und bemühen sich deshalb auch nur halbherzig. Das mag sehr kraß klingen, aber sehr viele private Naturschützer haben im Zuge ihrer behördlichen Kontaktaufnahmen wohl schon solche Erfahrungen gemacht.

Hinzu kommt auch noch ein psychologischer Aspekt: Wer in der Landesbehörde, also in der Stadt arbeitet, hat aufgrund der ihn umgebenden zubetonierten, verbauten Gegenden oft ein stärkeres Mangelbewußtsein und -empfinden für Naturzerstörungen als jemand, der in einer kleinen Kreisstadt oder in einer Gemeinde arbeitet, in einer Gegend, in der für den oberflächlichen Betrachter alles noch einigermaßen intakt zu sein scheint.

Kommen wir nun aber im einzelnen zu den Behörden, die für die Naturschützer von Belang sind, mit denen sie es – zumindest größtenteils – immer wieder zu tun haben werden.

Die hierarchische Gliederung der Behörden gestaltet sich wie folgt:

An das **Bundesumweltministerium** wendet man sich z. B. dann, wenn man auf Landesgrenzen überschreitende Naturzerstörungen größeren Ausmaßes aufmerksam machen will. Auf Schreiben von Privatpersonen wird allerdings

Behörden

dort meist nicht reagiert; diese werden höchstens »wohlwollend zur Kenntnis genommen«. Briefe an diese oberste Behörde sollten deshalb besser von Naturschutzverbänden eingereicht werden, mit möglichst vielen Unterschriften, und außerdem, gleichsam als flankierende Maßnahme, in ihrem Wortlaut als »offene Briefe« in Zeitungen und/oder Zeitschriften erscheinen.

Analog dazu ist das **Landesumweltministerium** eine Anlaufstelle für Klagen über kreisüberschreitende bzw. landesweite Naturzerstörungsmaßnahmen. Auch dort können nur Gruppen und Verbände, die sich schon etabliert haben, auf Ansprechpartner hoffen – und auch dann nicht in allzu vielen Fällen.

In den Bundesländern gibt es jeweils mehrere **Regierungspräsidien** bzw. **Bezirksregierungen**, die einzelne Landesteile verwalten. Hier laufen sozusagen die Fäden zusammen; hier wird z. B. abgewogen, ob etwa den Planungen des Wasserwirtschaftsamtes oder den Anliegen der Naturschutzbehörde des jeweiligen Landesbezirks Vorrang eingeräumt wird; hier werden Entscheidungen, die in den Kreisen getroffen wurden, entweder korrigiert oder bestätigt.

Ob private Naturschützer beim Regierungspräsidium etwas erreichen können, hängt oft davon ab, wie gut ihr Draht zur **Oberen Naturschutzbehörde** des Landesbezirks ist. Hier haben wir es mit einem sehr wichtigen Ansprechpartner zu tun, dem man gute Argumente dafür liefern muß, warum z. B. bestimmte wasserbautechnische, landwirtschaftliche oder Straßenbau-Maßnahmen zu einer Naturzerstörung führen, warum bestimmte Gebiete unbedingt zu erhalten sind und welche wo neu angelegt oder erweitert werden sollten. Man bittet Mitarbeiter diese Behörde, sich über das für den Naturschutz interessante Gebiet vor Ort einen Eindruck zu verschaffen. Mit den dazugehörigen Informationen ausgerüstet, können diese dann gegenüber dem Regierungspräsidium plausibel argumentieren, können damit auch eine Forcierung erforderlicher Naturschutzmaßnahmen erreichen und den privaten Naturschützern – über die vorgenannte Behörde – auch zu Geld für ihre Anliegen verhelfen.

Auch die **Untere Naturschutzbehörde** des Kreises (in manchen Ländern auch Landschaftspflegebehörde genannt) kann mit finanziellen Mitteln Naturschützer unterstützen. Vor allem aber wissen Vertreter dieser Behörde, da sie sich ja vor Ort auskennen, von woher man z. B. am günstigsten Büsche und Bäume bekommen kann, um ein Gelände zu bepflanzen, wo Materialien verschiedener Art, etwa Steine oder Sand, zu erhalten sind, welchen Firmen man Erdarbeiten überlassen kann. Diese Behörde kann generell vermittelnd wirken, kann Brücken schlagen zu anderen Behörden, kann Kontakte zu Besitzern ökologisch interessanter Gebiete anbahnen sowie solche zu anderen privaten Naturschützern. Die Zusammenarbeit mit dieser Behörde ist für Naturschützer also ein Muß – unabhängig von den zuvor erwähnten Einschränkungen...

Das Wasserwirtschaftsamt tritt dann auf den Plan, wenn, z. B. zur Aushebung eines größeren Gewässers, Erlaubnis erteilt werden muß. Bis diese Erlaubnis erteilt wird, da mache man sich nichts vor, können allerdings Jahre ins Land gehen. Für diese Behörde gilt, wie für alle anderen, die für den Naturschützer von Bedeutung sind, daß die Zusammenarbeit mit ihr umso einfacher ist, je besser ihr Kontakt zu der Naturschutzbehörde generell ist.

Der Weg durch die Instanzen

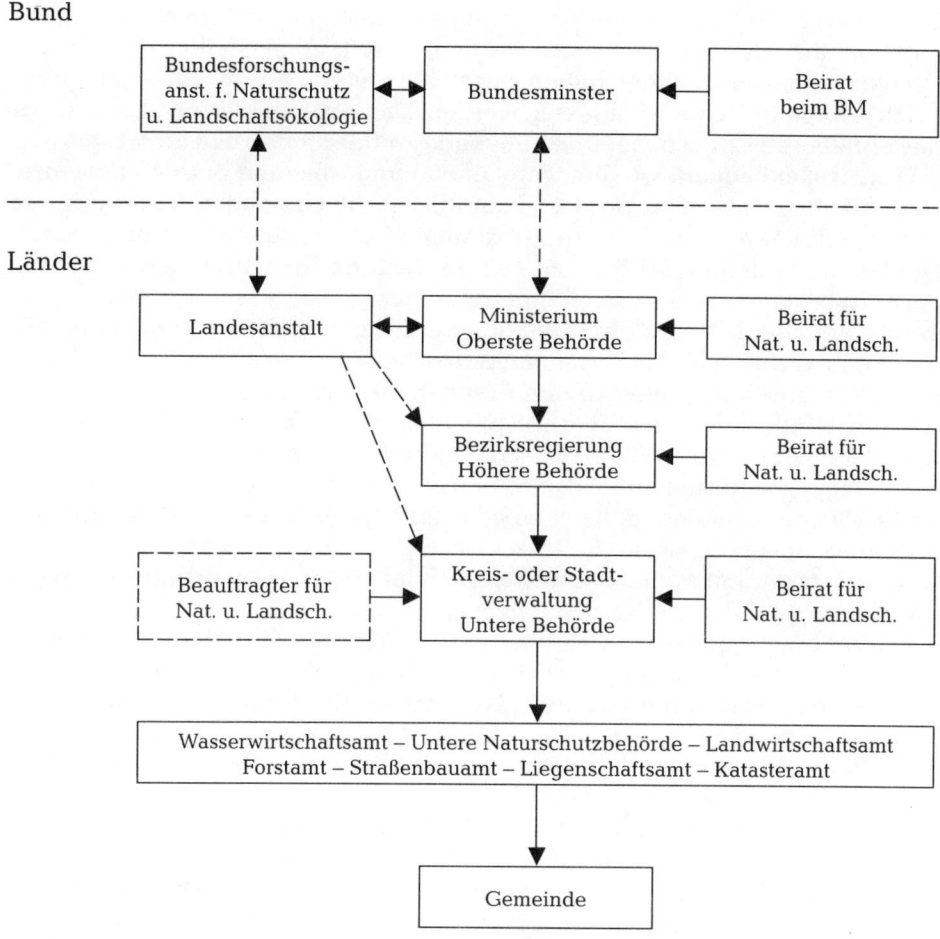

Aufbau der Naturschutzverwaltung in der Bundesrepublik Deutschland.

Das Landwirtschaftsamt ist für den Naturschutz auf allen landwirtschaftlich genutzten Gebieten zuständig. Es liegt nahe, daß sich Interessenkonflikte zwischen Naturschützern, Naturschutzbehörde und Landwirtschaftsamt ergeben; es ist allerdings nicht mehr so wie in früheren Jahren, daß der Naturschutzgedanke in dieser Behörde absolut stiefmütterlich behandelt wird – man hat mehr und mehr erkannt, daß sich Naturschutz und Landwirtschaft nicht gegenseitig ausschließen. Dennoch gehen Verhandlungen mit landwirtschaftlichen Behörden oft noch sehr langsam und zäh vonstatten.

Das **Forstamt** ist für Naturschutzmaßnahmen, die den Wald betreffen, zuständig. Es muß zwar nicht so sein, daß dort »Naturschutzideen so langsam reifen, wie ein Wald zum Wachsen braucht«, wie es einmal ein Naturschützer formulierte, aber eine gewisse konservative Grundhaltung ist dieser Behörde oft nicht abzusprechen. Das zeigt sich zum Beispiel daran, daß streng nach

Gesetzesvorschrift Wiederaufforstungsmaßnahmen nach Stürmen auch dann durchgeführt werden, wenn sich an den betreffenden Stellen mittlerweile Orchideenwiesen gebildet haben oder wenn etwa Waldweiher genau zur Laichzeit von Fröschen abgelassen werden. Das heißt im Klartext: Gegenüber dieser Behörde ist noch viel überzeugende Aufklärungsarbeit zu leisten.

Das **Straßenbauamt**, wo über Straßenbau und -planung entschieden wird, stellt für viele Naturschützer das »Feindbild« schlechthin dar. Das war in der Vergangenheit auch gerechtfertigt, stimmt aber heutzutage oft nicht mehr. Die Zeiten, in denen das höchste Lebensglück der Beamten dieser Behörde darin zu bestehen schien, nach Inbetriebnahme einer Straße von einem Bürgermeister oder Minister die Hand geschüttelt zu bekommen, sind jedenfalls endgültig vorbei. Bei der Zusammenarbeit mit dem Straßenbauamt müssen private Naturschützer aber darauf drängen, bereits in die Planungen eingeweiht zu werden und Einsicht in entsprechende Unterlagen zu bekommen, um nachher nicht vor vollendete Tatsachen gestellt zu werden.

Im **Liegenschaftsamt** erfährt man, welche Gebiete wem gehören, ob sie z. B. im Besitz von Gemeinden, Kirchen oder Privatpersonen sind. Man lernt dort also seine Ansprechpartner kennen.

Vom **Katasteramt** kann man Kartenmaterial beziehen, in dem Kartierungsergebnisse, projektierte Naturschutzmaßnahmen u. ä. einzutragen sind. Man erhält dort die sogenannte Grundkarte im Maßstab 1:5000 und die Topographischen Karten, Maßstab 1:25 000 und 1:50 000. Naturschutzverbände erhalten bei den Katasterämtern oft Preisnachlässe auf die Karten. In geringem Umfang kann man sie, wenn man Glück hat, auch kostenlos bekommen.

Die **Gemeinde** besitzt die Planungshoheit, ist für die Bauleitplanung und Dorferneuerung verantwortlich. Größere Gemeinden verfügen über ein Umweltamt oder einen Umweltsachbearbeiter. Vor allem in ländlichen Gemeinden muß der Naturschutzgedanke häufig hinter »viel Wichtigerem«, nämlich dem Bau von Straßen und der Erschließung von Neubaugebieten zurücktreten; man konzentriert sich dort eher auf Wettbewerbe wie »Unser Dorf soll schöner werden«. Es gibt allerdings mehr und mehr positive Ausnahmen, wobei es für umweltbewußte Gemeinderatsmitglieder jeweils das größte Problem zu sein scheint, konservative Landwirte von ihren Anliegen zu überzeugen. Die Zusammenarbeit mit der Gemeinde ist für Naturschützer quasi wichtige Basisarbeit; die Gemeinde kann zwischen Landwirten, Förstern und Naturschützern vermitteln; sie kann Kontakte zu potentiellen Geldgebern herstellen und auch selbst Flächen für den Naturschutz zur Verfügung stellen.

Gesetze

Wer mit Behörden zu tun hat, sollte sich auch mit **Gesetzen** auskennen. Auf diese kann hier, schon aufgrund deren Umfangs und weil sie immer wieder geändert, ergänzt und erweitert werden, nur sehr begrenzt eingegangen werden. Private Naturschützer tun gut daran, sich die aktuellen Gesetzestexte von den entsprechenden Ministerien zu besorgen. Wesentlich sind vor allem das Bundesnaturschutzgesetz (BNatSchG) und die Ländergesetze, die im folgenden mit ihren Abkürzungen aufgelistet werden:

- NatSchG: Naturschutzgesetz Baden-Württemberg,
- BayNatSchG: Bayerisches Naturschutzgesetz,
- NatSchGBln: Berliner Naturschutzgesetz,
- BremNatSchG: Bremer Naturschutzgesetz,
- HmbNatSchG: Hamburger Naturschutzgesetz,
- HeNatG: Hessisches Naturschutzgesetz,
- LG: Landschaftspflegegesetz Nordrhein-Westfalen,
- NNatG: Niedersächsisches Naturschutzgesetz,
- LPflG: Naturschutzgesetz Rheinland-Pfalz,
- SNG: Saarländisches Naturschutzgesetz,
- LPflegG: Landespflegegesetz Schleswig-Holstein.

Was in den Gesetzestexten steht, stellt sich für den, der weiß, was sich in Wirklichkeit abspielt, oft als blanke Realsatire dar. So heißt es z. B. im BNatSchG § 1,1:

»Natur und Landschaft sind im besiedelten und unbesiedelten Bereich so zu schützen, zu pflegen und zu entwickeln, daß
1. die Leistungsfähigkeit des Naturhaushaltes,
2. die Nutzungsfähigkeit der Naturgüter,
3. die Pflanzen- und Tierwelt sowie
4. die Vielfalt, Eigenart und Schönheit von Natur und Landschaft als Lebensgrundlage des Menschen und als Voraussetzung für seine Erholung in Natur und Landschaft nachhaltig gesichert sind.«

Aus § 20 c entnimmt der interessierte Naturfreund:

»Maßnahmen, die zu einer Zerstörung oder sonstigen erheblichen oder nachhaltigen Beeinträchtigung folgender Biotope führen können, sind unzulässig:
1. Moore, Sümpfe, Röhrichte, seggen- und binsenreiche Naßwiesen, Quellbereiche, naturnahe und unverbaute Bach- und Flußabschnite, Verlandungsbereiche stehender Gewässer,
2. offene Binnendünen, offene natürliche Block- und Geröllhalden, Zwergstrauch- und Wacholderheiden, Borstgrasrasen, Trockenrasen, Wälder und Gebüsche trockenwarmer Standorte,
3. Bruch-, Sumpf- und Auenwälder,
4. Fels- und Steilküsten, Strandwälle sowie Dünen, Salzwiesen und Wattflächen im Küstenbereich,
5. offene Felsbildungen, alpine Rasen sowie Schneetälchen und Krummholzgebüsche im alpinen Bereich.
    Die Länder können Ausnahmen zulassen, wenn die Beeinträchtigungen

Gesetze

der Biotope ausgeglichen werden können oder die Maßnahmen aus überwiegenden Gründen des Gemeinwohls notwendig sind. Bei Ausnahmen, die aus überwiegenden Gründen des Gemeinwohls notwendig sind, können die Länder Ausgleichsmaßnahmen oder Ersatzmaßnahmen anordnen.

Die Länder können weitere Biotope den in Absatz 1 genannten gleichstellen.«

Das liest sich so schön, daß jeder Naturschützer vollauf damit zufrieden sein müßte. Tatsache ist aber, daß lediglich die theoretischen Rahmenbedingungen stimmen.

In der Praxis sieht es anders aus. Das hängt vor allem damit zusammen, daß die erwähnten »überwiegenden Gründe des Allgemeinwohls« jede Menge (für die Natur negative) Auslegungen zulassen. Auch der Satz »Bei Ausnahmen... können die Länder... anordnen« spricht Bände, denn die Betonung liegt ganz klar auf können.

Hinzu kommt – und bei diesem Gedanken mag manchem das Gruseln kommen – daß § 1,3 des BNatSchG »die ordnungsgemäße Land- und Forstwirtschaft« zu Naturschutz erklärt.

Und noch ein wichtiger Punkt. Gegen Naturzerstörungen können private Naturschützer nur in seltenen Fällen klagen. Klagebefugt sind nämlich meist nur die direkt Betroffenen, also die Eigentümer der in Frage kommenden Flächen, deren Nachbarn oder der Staat. Eigentümer, die mit ihrem Gebiet Profit machen wollen, werden sich wohl kaum selbst anklagen – und sollte, was oft der Fall ist, der Staat selbst Eigentümer sein, erübrigt sich ohnehin jede Diskussion.

Bislang ist nur in den Ländern Hessen, Bremen und Berlin Naturschutzverbänden eine Klagemöglichkeit eingeräumt worden, nämlich die sogenannte Verbandsklage. Klageberechtigte Verbände sind aber nur die auf Landesebene anerkannten Naturschutzverbände.

Ein für Naturschützer sehr wichtiges, häufig mangels Kenntnis unbeachtetes Gesetz stellt die **Bundesartenschutzverordnung** dar, deren Neufassung am 1.1.1987 in Kraft trat. Die BArtSchV verbietet nicht nur die Haltung sehr vieler fremdländischer Tierarten, sondern auch die nahezu aller einheimischer – also auch selbstverständlich deren Entnahme aus der Natur.

Es gibt nur folgende Ausnahme: die Tiere stammen nachweislich von Elterntieren ab, deren Haltung bereits beim jeweils zuständigen Regierungspräsidium angemeldet war und ist, und ihre artgerechte Haltung wurde auch von dieser Behörde kontrolliert. Es versteht sich in diesem Zusammenhang von selbst, daß man nachgezüchtete Tiere, die man von irgendwem erhalten hat, bei dem für die entsprechende Gegend zuständigen Präsidium anmelden muß. Man erhält dann von dort, nach entsprechender Kontrolle, versteht sich, die nötigen Papiere: gleichsam einen Personalausweis für jedes Tier, die Erlaubnisberechtigung zur Haltung.

Nicht nur die Heimtierhaltung, sondern auch die vorübergehende häusliche Unterbringung geschützter Wirbelloser – z. B. Hirschkäfer –, mehrerer Fischarten, aller heimischen Amphibien-, Reptilien- und Vogelarten sowie der meisten bei uns wild vorkommenden Säuger ist genehmigungspflichtig. Wer dieses Gesetz übertritt und dabei »erwischt« wird, macht sich in seiner naturschützerischen Tätigkeit unglaubwürdig. Es stehen recht hohe Geldstrafen auf die Übertretung dieses Gesetzes; da bedarf es nur der Denunziation von jemandem, der einem nicht wohlgesonnen ist...

Dieses Gesetz bedeutet in seiner Konsequenz auch: Wer eine Eidechse vor daherrollenden Schaufelladern rettet, um sie anderswo auszusetzen, wer Frösche aus einem vom Zuschütten bedrohten Gewässer in seinen eigenen Gartenteich übersiedelt, macht sich strafbar – wenn er zuvor nicht die Behörden konsultiert hat. Wer den erwähnten Schaufellader fährt oder ihn zu fahren beauftragt hat, dagegen nicht. Es sei jedem Naturschützer selbst überlassen, sich hierüber eine Meinung zu bilden.

Öffentlichkeitsarbeit

Presse

Für den privaten Naturschützer sollte die Zusammenarbeit mit der Lokalpresse eine Selbstverständlichkeit sein. Es empfiehlt sich wie erwähnt zwar nicht, der Presse ausführliche Schilderungen über bestimmte interessante intakte Biotope weiterzugeben, wenn diese Berichte mit genauen Ortsbeschreibungen verbunden sind. Wenn jedoch irgendein Biotop auf welche Weise auch immer bedroht ist oder aber vor seiner Zerstörung steht, sollte die Lokalpresse eingeschaltet werden. Über sie kann nicht nur Druck auf die Zerstörer ausgeübt, sondern auch die Aufmerksamkeit einer breiten Öffentlichkeit erregt werden. Wenn sowohl Behördenvertreter als auch Eigentümer eines interessanten Gebietes wenig Willen zeigen, dieses unter Schutz stellen zu lassen, das heißt aufzukaufen bzw. abzugeben, sollte über die Presse ein Teil der Öffentlichkeit mobilisiert werden, um der einen oder anderen Seite, eventuell beiden, »Beine zu machen«. Auch hierbei kann man typische »Anfängerfehler« vermeiden, und zwar vor allem der Art, daß man gegenüber der Presse zu fachspezifisch argumentiert. Dazu ein Beispiel: Eine ökologisch besonders wertvolle Kiesgrube wird zugeschüttet; diverse seltene Pflanzen-, Amphibien- und Reptilienarten haben dort ihre Heimat; darüber hinaus brüten dort mehrere Vogelarten, und auch Igel, Kaninchen und Wiesel sind häufig dort anzutreffen. Ein Naturschützer wendet sich nun also an die Presse und schreibt oder erzählt, daß in diesem Gebiet einige bedrohte Pflanzen, seltene Molcharten und Ringelnattern ausgerottet würden. Das ist dann zwar gut gemeint, aber strategisch falsch. Naturschützer sollten realistisch sein und sich klarmachen, daß sich weite Teile der Öffentlichkeit eben nicht für das Schicksal irgendwelcher Molche, Unken oder gar Schlangen interessieren, sondern deren Ausrottung billigend oder gleichgültig akzeptieren.

Einen ganz anderen Eindruck auf die Öffentlichkeit macht es dagegen, wenn sie aus der Presse erfahren muß, daß im besagten »Gebiet X« aufgrund der Zuschüttungsmaßnahmen die Gelege (oder Jungtiere) einiger bodenbrütenden Vogelarten sowie die Jungen von Igeln oder Kaninchen gefährdet sind oder bereits getötet wurden. Daß Pflanzen- oder Amphibienarten bedroht sind, kann man dann »hinterherschieben«.

Um eines klarzustellen: es soll hier nicht maßlosen Übertreibungen oder gar Lügen das Wort geredet werden, denn dadurch würde man sich, wenn nicht sofort, dann doch auf Dauer unglaubwürdig machen und schließlich der guten Sache selbst einen Bärendienst erweisen. Aber die Wirkung ist eben viel größer, wenn man die Öffentlichkeit mit der Nachricht erschreckt, daß »liebenswerte Tiere« bedroht sind, als mit der Gefährdung von Käfern.

Was die zuvor beschriebenen Begehungen betrifft, ist mitunter die Einladung eines Pressevertreters anzustreben – vor allem dann, wenn abzusehen ist, daß sie »problematisch« verlaufen könnten. Schließlich möchte kaum jemand, seien es Grundstückseigentümer oder Behördenmitarbeiter, in der Öffentlichkeit in einem schlechten Licht erscheinen. Natürlich ist das keine Garantie für einen erfolgreichen Ablauf, doch einen Versuch ist die Sache allemal wert.

Die Zusammenarbeit mit der Presse ist auch deshalb so wichtig, weil »Naturschutz im Geheimen« wenig bringt. Hat man selbst Schutzmaßnahmen durchgeführt, oder wehrt man sich gegen die Zerstörung irgendwelcher Gelände, so sollten davon auch andere erfahren, schon um potentiellen Interessenten Mut zu machen und sie zum Nachahmen zu aktivieren. Man kann sagen, wenn aufgrund eines Artikels in der Lokalpresse auch nur ein einziger bisher eher gleichgültig dem Naturschutz Gegenüberstehender seine Meinung zum Positiven hin ändert oder sich vielleicht sogar selbst angespornt fühlt, zukünftig für den Naturschutz einen Beitrag zu leisten, dann hat sich der Aufwand prinzipiell schon gelohnt!

Vorträge

Öffentlichkeitsarbeit erschöpft sich aber nicht nur in der Zusammenarbeit mit der Presse. Es gibt für den privaten Naturschützer auch noch andere Möglichkeiten, sich Gehör zu verschaffen. Das Halten von Vorträgen, die sich mit Naturzerstörungen im allgemeinen und dem Aussterben bestimmter Arten im besonderen befassen, gehört dazu. Zu solchen Vorträgen – nehmen wir als willkürliches Beispiel: »Bedrohung heimischer Singvogelarten« – kommen in der Regel eine ganze Menge Leute, und sei es nur, um »schöne« Dias zu sehen.

Vorträge zu halten ist allerdings nicht jedermanns Sache. Wer selbst meint, dies könne er nicht, kann helfen, indem er andere, die von der jeweiligen Materie mehr verstehen und sich möglicherweise besser als Vortragende eignen, dazu überredet. Wer sich noch nie mit Vorträgen versucht hat, aber glaubt, einen solchen halten zu können, sollte vorher vor kritischen Bekannten, Freunden oder auch Verwandten üben. Ein schlecht dargebotener Vortrag ist nämlich schlimmer als gar keiner, auch wenn die dahinterstehende Absicht noch so nobel gewesen ist. Das Ansehen der Naturschützer verliert dadurch insgesamt.

Mit gut gehaltenen Vorträgen kann man dagegen wertvolle Aufklärungsarbeit leisten, wobei es sich auch als sinnvoll erweist, einen Mitarbeiter der lokalen Presse einzuladen, der dann in den nächsten Tagen in einem Zeitungsartikel das Wesentliche zusammenfaßt. Dies schafft einen zusätzlichen nicht zu unterschätzenden »Werbeeffekt«.

Wettbewerbe und Ausstellungen

Für größere Naturschutzorganisationen bietet es sich im Rahmen der Öffentlichkeitsarbeit auch durchaus an, Wettbewerbe zu veranstalten, die auf Gemeinden – nach dem Motto: »Welche Gemeinde tut am meisten für den Naturschutz?« – oder auf Privatleute – nach dem Motto: »Wer hat den ökologisch interessantesten Garten?« – zugeschnitten sein können. Auch derlei Wettbewerbe sollten, sooft es geht, publik gemacht und ihr Ausgang – pressemäßig – entsprechend gewürdigt werden.

Schließlich, das sei in diesem Zusammenhang hinzugefügt, besteht auch die Möglichkeit, Gemeinden gezielt anzuschreiben, um sie zu fragen, ob sie prinzipiell bereit seien, Flächen für den Naturschutz zur Verfügung zu stellen. Hierbei kann man mitunter, wenn man geschickt vorgeht, auch gleich eine positive Erwähnung in der Presse in Aussicht stellt, überraschend erfreuliche Ergebnisse erzielen.

Auch Ausstellungen zu organisieren, kann sich sehr lohnen. Voraussetzung dafür ist, daß man gutes Bildmaterial besitzt und daß man über genügend Fachverstand verfügt, um Fragen, die einem von Interessierten gestellt werden, sinnvoll beantworten zu können. Selbstverständlich bedarf es vorher einer Ordnung des eigenen Materials nach Schwerkpunktthemen. Man sollte sich auf ein einziges Gebiet beschränken, entweder auf die ausführliche Darstellung bestimmter Lebensräume (z. B. Bedeutung von Kleingewässern, Schutz von Heidelandschaften) oder auf bestimmte Tier- und Pflanzengruppen (z. B. Schutzmöglichkeiten für Fledermäuse, für Stechimmen, für diverse Vogelarten, wobei man dann auch gleich künstliche Nisthilfen für die genannten Arten ausstellen und zum Kauf anbieten kann).

Von einer vor allem in früheren Jahrzehnten häufig geübten Form der Ausstellung, nämlich der von Tieren und Pflanzen, muß indes abgeraten werden. Das kann zwar mitunter recht spektakulär wirken, dient aber in der Regel eher der Selbstdarstellung der Veranstalter als der Sache selbst und ist auch kaum im Interesse der ausgestellten Arten. Derartige Ausstellungen ließen sich gerade noch mit heimischen Pflanzen oder Fischen durchführen; versteckt lebende Lurche geben ohnehin nicht viel her, und Reptilien, Vögel und Säuger werden dadurch nur beunruhigt. Außerdem müßten die hierfür in

Öffentlichkeitsarbeit

Frage kommenden Tiere erst einmal gefangen werden bzw. sich bereits in Privatbesitz befinden, und dies ist nach der herrschenden Rechtsordnung mit nicht wenigen juristischen Problemen verbunden.

Zusammenarbeit mit anderen Naturschützern

Ganz für sich alleine Naturschutz zu betreiben, ist in der Regel nur im eigenen Garten möglich. Als Einzelperson kann man gerade noch Kartierungsarbeiten durchführen, obgleich es auch hierbei sinnvoller ist, sich zu mehreren auf die Suche zu begeben, denn: je mehr Augen, desto mehr Entdeckungen. In der Regel wird man also einer Naturschutzorganisation, die bereits über einen guten Ruf verfügt und regional und/oder überregional bekannt ist, beitreten. (Siehe Adressenverzeichnis im Anhang.) Dabei spielt es natürlich eine wesentliche Rolle, für welche Form des Naturschutzes man sich einsetzen möchte. Wen zum Beispiel angesichts verschmutzter Flüsse und Seen, ölbedeckter Meeresstrände, Robbensterben und der Vernichtung der Regenwälder »die nackte Wut packt«, wer sich also grenzüberschreitend engagierten und im weitesten Sinn etwas für das Element Wasser und dessen Bewohner tun möchte, wird wohl eher Mitglied bei **Greenpeace** werden – oder diese Organisation in irgendeiner Weise unterstützen – als bei einer lokal/regional begrenzt wirkenden Naturschutzgruppe. Woraus man nebenbei übrigens auch ableiten kann, daß die Art und Weise, wie der einzelne Naturschutz betreibt, nicht nur eine Frage des Interesses, sondern auch eine der Mentalität und des Temperaments ist!

Obwohl das eine das andere selbstverständlich nicht ausschließt, so liegt es doch nahe, daß jemand, der sich mehr für den Schutz insbesondere heimischer Tiere und Pflanzen einsetzt, gut beim **BUND (Bund für Umwelt und Naturschutz Deutschland)** oder beim **Naturschutzbund Deutschland** – ehemals DBV (Deutscher Bund für Vogelschutz) – aufgehoben ist. Für Naturschützer, die sich hauptsächlich für Amphibien und Reptilien interessieren, Kontaktaufnahmen und Interessenaustausch mit Gleichgesinnten anstreben, ist sicherlich ein Beitritt zur **DGHT (Deutsche Gesellschaft für Herpetologie und Terrarienkunde)** empfehlenswert. Die drei zuletzt genannten Gruppen arbeiten überregional, die DGHT ist mit ihrem Spezialgebiet sogar weltweit bekannt. Somit kann es auch nicht verwundern, daß man von dieser Stelle Kontaktadressen von Lurch- und Kriechtierkennern in Nordostdeutschland, Österreich und der Schweiz bekommen kann.

Nur zwei Verbände, der BUND und der Naturschutzbund Deutschland sind bundesweit berechtigt, bei Naturschutzmaßnahmen »ein Wörtchen« mitzureden. Sie werden bei Naturschutzplanungen und bei Planfeststellungen angehört, was bedeutet, daß sie Einblick in die Planunterlagen erhalten und dann ihre Einwände dagegen vortragen sowie eigene Verbeserungsvorschläge einbringen können.

Diese beiden Verbände sind in vielfältigster Weise in Sachen Naturschutz tätig. Der ehemalige DBV setzt sich schon seit Jahrzehnten nicht mehr allein für den Vogelschutz ein – man findet dort seit geraumer Zeit Gruppierungen mit sehr unterschiedlichen Interessenbereichen, und somit war es schließlich nur logisch, daß man eine Umbenennung in Naturschutzbund Deutschland vornahm. Der Naturschutzbund Deutschland legt in seinem Grundsatzprogramm folgende Aufgaben fest:

— er kauft, pachtet und pflegt ökologisch wertvolle Flächen,
— er betreut im amtlichen Auftrag Schutzgebiete,
— er gestaltet neue Lebensräume und sichert vielen bestandsbedrohten Tier- und Pflanzenarten das Überleben,
— er nimmt Einfluß auf die Natur- und Umweltpolitik,
— er informiert die Öffentlichkeit über Natur und Umwelt,
— er betreibt Umweltbildung für Erwachsene und Jugendliche,
— er beteiligt sich an internationalen Schutzprojekten.

Im Prinzip gilt für den BUND dasselbe, wobei diese Organisation jedoch darüber hinaus im **Umweltschutz** besonders engagiert ist, sich also auch in starkem Maß mit Themen wie Müllbeseitigung, ökologischem Bauen und Wohnen, dem Schadstoffausstoß von Firmen, Haushalten, Autos – also eher »technischen« Problemen – beschäftigt. Welche Untergruppen dieser Organisationen sich in der Hauptsache jeweils um was kümmern, ist regional verschieden. Sagen wir deshalb ganz salopp einmal so: welche Gruppe für den Interessenten X, der im Ort Y wohnt, die »richtige« ist, kann er zwar dadurch erfahren, indem er mit verschiedenen Gruppen Telefongespräche führt, in der Regel aber eher durch Mundpropaganda, durch das, was man von anderen Naturschützern, die man bei dieser Arbeit ja fast automatisch kennenlernt, hört.

Der seltenere Fall ist, daß man zusammen mit willigen, geeigneten Partnern eine eigene Naturschutzgruppe gründet, also eine »**Aktionsgemeinschaft**«, etwa dann, wenn man ganz spezifische Ziele verfolgt, z. B. Schutz von Amphibien, Schutz von Fledermäusen vor Ort, sich also mehr für die Detailarbeit interessiert. Die Gründung einer eigenen Gruppe kann in vielen Fällen durchaus von Vorteil und Bedeutung sein, denn man zieht gemeinsam mit seinen gleichgesinnten Partnern an einem Strang, kann sich gezielter für ganz konkrete Schutzmaßnahmen einsetzen und, was gar nicht unterschätzt werden sollte, man vermeidet »Langeweile«. Ein Beispiel: Jemand, der sich in erster Hinsicht für den Schutz der hiesigen Orchideenarten interessiert und sich dafür einsetzt, kann sich mit seinem Spezialinteresse in einer großen Naturschutzorganisation, die sich etwa abendfüllend mit dem Problem der Pyrolyse befaßt oder sich jedenfalls mit Diskussionspunkten auseinandersetzt, die ungeachtet ihrer allgemeinen Bedeutung einem selbst nicht so wichtig sind, ziemlich alleingelassen fühlen. Gerade dies führt innerhalb größerer Organisationen mitunter zu Lustlosigkeitserscheinungen bei einzelnen Teilnehmern frei nach dem Motto: »Was dem einen sin Uhl, ist dem anderen sin Nachtigall«.

Wer nun aber wirklich eine eigene Naturschutzgruppe gründen möchte, sollte dabei nicht unbedingt gleich an eine regelrechte Vereinsgründung denken. Vor allem sehr kleine Vereine richten gegenüber Behörden oft sogar weniger aus als Initiativgruppen, die kein »e. V.« im Namensschild tragen. Initiativgruppen wirken oft spontaner, flexibler und aktionsfreudiger auf Behördenvertreter und also gefährlicher. Außerdem können solche Zwergvereine in der Öffentlichkeit manchmal ein wenig lächerlich wirken – manch einer denkt dabei an den Spruch: »Wenn mindestens drei Deutsche zusammensitzen, gründen sie auch gleich einen Verein«. Hinzu kommt, daß eine Menge (Frei-)Zeit bei Mitgliedertreffen für Abstimmungen über den Vorstand, Wahl desselben, Kassenberichte u. ä. verlorengeht. Die administrative Arbeit kann dann bald einen zuvor nicht erwarteten Umfang annehmen, worunter der naturschützerische Idealismus leidet. Wer von vornherein mit einem Verein »auf kleiner Ebene« liebäugelt, sollte also vielleicht doch besser einem bestehenden, bewährten Verein beitreten.

Wie eingangs schon erwähnt, sind Naturschützer in der Regel Individualisten, und diese Tatsache gestaltet gemeinsames Arbeiten mitunter problematisch. Noch schwieriger kann es werden, wenn die eine Naturschutzorganisation in einem bestimmten Fall mit einer anderen zusammenarbeiten soll, um z. B. vor der Öffentlichkeit ein einheitliches Bild, was Forderungen und Schutzbestrebungen angeht, abzugeben. Dies kann zu Eifersüchteleien, zu Kompetenzgerangel führen, doch das ist ein ausgesprochen menschliches Problem, zu dessen Lösung es keinen allgemein verbindlichen Rat – außer ständigen Appellen an die Vernunft – geben kann. Man sollte sich immer wieder klarmachen: Je stärker die Geschlossenheit nach außen hin wirkt, desto größer ist der Eindruck, den man auf die Öffentlichkeit und die Behörden macht.

Ein äußerst sinnvolles Beispiel für »Zusammenarbeit mit anderen« besteht darin, Schulklassen dazu zu ermutigen, naturschützerisch tätig zu werden, gleichgültig, ob es dabei um Biotop-Erhaltungs- oder Neuschaffungsmaßnahmen wie das Anlegen von Teichen oder um Säuberungsaktionen wie das Entfernen von Müll und Unrat geht. Einerseits macht dies den Schülerinnen und Schülern oft einfach Spaß – Hauptsache, sie müssen nicht in die Schule, sie nehmen es lieber in Kauf, sich schmutzig zu machen –, andererseits ist der pädagogische Nutzen nicht zu unterschätzen. Wenn es also in Sachen Naturschutz »etwas zu tun gibt« sollte man gleich seine Fühler ausstrecken und sich bei in der Nähe liegenden Schulen nach willigen Klassen erkundigen.

Eine manchmal ebenfalls mögliche Form der Zusammenarbeit besteht darin, Arbeitsgruppen Jugendlicher für Naturschutzarbeiten zu gewinnen. Ob es solche im betreffenden Gebietsumkreis gibt, erfährt man durch Anfrage bei den Landratsämtern.

Ein Beispiel praktischen Naturschutzes

Im folgenden soll an einem Beispiel, das ohne weiteres übertragbar ist, erläutert werden, wie praktischer Naturschutz betrieben werden kann. Der geschilderte Fall ist keine Fiktion; alles, was beschrieben wird, spielte sich genau so ab. Die Mitglieder einer Naturschutzgruppe, die sich vor allem für Biotopschutz im allgemeinen einsetzt, standen vor dem Problem, Restvorkommen des Laubfrosches, der Kreuzkröte, der Gelbbauchunke, des Kammolches und einiger Libellenarten aus einer unmittelbar vom Zuschütten bedrohten Kiesgrube zu retten und in ein geeignetes Gebiet umzusiedeln. Trotz der Schwierigkeiten, die mit einem derartigen Umsiedeln verbunden sind – Gefahr des Abwanderns –, ließen die Verhältnisse keinen anderen Weg offen. Für die Tiere gab es keine sonstigen Ausweichmöglichkeiten.

Auf der Suche nach einem entsprechend geeigneten Biotop stießen die Naturschützer auf einen stillgelegten Steinbruch. Nach einer ausführlichen Besichtigung war schließlich klar: dort herrschten ideale klimatische und geologische Bedingungen für die Anlage diverser Kleingewässer. Der Steinbruch lag weit ab von menschlichen Siedlungen und Straßen, andererseits aber auch nur zehn Kilometer von der erwähnten Kiesgrube entfernt, so daß die Umsiedlungsmaßnahme auch nach geographischen Gesichtspunkten zu vertreten war.

Eine Bestandsaufnahme des Steinbruchgeländes ergab, daß es nahezu vollständig von Fichtenanflug bedeckt war. Es waren zwei bestehende Gewässer vorhanden, allerdings beide stark beschattet, da von Jungfichten umgeben. Außerdem war in dem Gelände allerlei Müll abgeladen. Dort, wo der Fichtenbestand nicht so stark war, konnten diverse Laubgehölze und Kräuter entdeckt werden, darunter Bergahorn, Bergulme, Zitterpappel, Schlehe, Seidelbast, Tollkirsche, Wasserdost, Salweide, Schwarzerle, Thymian, Kreuzblume, Fingerhut, Streifenfarn u. a. seltene Farnarten. Der Tierbestand mußte als sehr gering angesehen werden. Außer einigen Vogelarten, die übrigens nicht in dem Jungfichtenbestand brüteten, konnten nur wenige Kerbtiere entdeckt werden. Amphibien und Repitilien wurden trotz intensiver Suche nicht gefunden. Von Kennern des Geländes war aber zu erfahren, daß sich in diesem Gebiet noch vor vielen Jahren Ringelnattern, Kreuzottern, Molche und Frösche aufhielten. Durch den zunehmenden Fichtenbestand und der damit einhergegangenen Austrocknung des Bodens – Nadelabwurf – wurden diesen Tieren im Laufe der Zeit die Lebensmöglichkeiten entzogen.

Der nächste Schritt der Naturschützer bestand darin, mit dem für dieses Gebiet zuständigen Forstamt Kontakt aufzunehmen. Folglich wurde mit den entsprechenden Mitgliedern der Forstbehörde ein Ortstermin vereinbart, in dem diese von der Möglichkeit, wie man das Gelände auf sinnvolle Weise umgestalten könnte, unterrichtet wurden. Nach ausführlicher Diskussion und der Vorlage einiger Pläne waren die Forstbeamten schließlich einverstanden. Der Steinbruch war ökonomisch ohnehin praktisch wertlos.

Anschließend folgte die Kontaktaufnahme zum Landratsamt sowie zu der diesem vorgesetzten Bezirks-Naturschutzstelle. Man bat um die Genehmigung, den Laich bzw. die Larven der erwähnten Arten umsiedeln zu dürfen, und nach ausführlicher Schilderung der Sachlage wurde diese Genehmigung auch recht schnell und unbürokratisch erteilt.

Im Mai desselben Jahres wurde damit begonnen, die bereits vorhandenen Gewässer vom Jungfichtenbestand zu befreien, so daß sie nunmehr von drei

Seiten der Sonne ausgesetzt waren. Anschließend wurde der angefallene Müll ausgeräumt und weggeschafft.

Bis etwa Ende Mai waren dann rund 10 Ar des Steinbruchgeländes vom Fichtenanflug befreit, so daß nun ein $10\,m^2$ großes Flachgewässer angelegt werden konnte, welches frei von Pflanzenbewuchs sowie ständiger Besonnung ausgesetzt war und somit alle Bedingungen erfüllte, die vor allem Kreuzkröten-, Unken-, aber auch Laubfroschlarven stellen, um zur Metamorphose gelangen zu können. Das Kleingewässer wurde gerade rechtzeitig fertiggestellt, um den in der Kiesgrube soeben abgelegten Kreuzkrötenlaich evakuieren zu können.

Um das größere der beiden vorhandenen Gewässer zu erweitern, wurde ein in unmittelbarer Umgebung fließender, schwach wasserführender Bach um- und in den Teich eingeleitet. Kurz unterhalb der Abzweigungsstelle versikkerte der Bach übrigens ohnehin, so daß durch diese Maßnahme also lediglich das Versickerungsgelände um einige Meter verlagert wurde. Der Bachverlauf wurde dadurch nicht beeinträchtigt.

Nunmehr war ein Gewässer mit einer Fläche von ca. $25\,m^2$ entstanden, das eine Tiefe bis zu einem Meter aufwies. Ein idealer Teich also für Kammolche, mit deren Umsiedlung gleich nach Fertigstellung des Gewässers begonnen wurde. Die Kammolche hielten sich übrigens in einem tieferen Gewässer der bedrohten Kiesgrube auf, das allerdings durch die Einleitung diverser Abfallstoffe so verunreinigt war, daß die Tiere ihre Fortpflanzung bereits eingestellt hatten. Folglich war es für die Naturschutzgruppe ein erfreulicher Erfolg, daß sich die Molche schon kurz nach der Übersiedlung zu paaren begannen.

Nach Erweiterung dieses Teiches wurden die Rodungsarbeiten fortgesetzt und in den nun freien, besonnten Stellen noch zwei weitere Kleingewässer angelegt, die vom Typ und der Größe her dem bereits erwähnten Flachgewässer entsprachen. In diese wurden im Juni Larven des Laubfrosches und der Gelbbauchunke umgesiedelt.

In der Zeit der Winterruhe wurden noch weitere Rodungsarbeiten vorgenommen. Bis zum Frühjahr wurden insgesamt ca. 50 Ar des Steinbruchgeländes vom Fichtenanflug befreit. Ferner wurde mit Unterstützung des Forstamtes, das einen Bagger vermitteln konnte, ein größerer Teich von ca. $400\,m^2$ Fläche angelegt, der gründlichst mit Lehm verdichtet wurde. Nunmehr waren also drei Gewässer mit ungefähr folgenden Größen vorhanden: eines à $400\,m^2$, eines à $12\,m^2$, drei zwischen 8 und $10\,m^2$.

Im nächsten Frühjahr/Sommer konnten sehr viele einjährige Amphibien beobachtet werden, und zwar von sämtlichen umgesiedelten Arten. Der Laich bzw. die Larven hatten sich also problemlos entwickelt, und auch die frisch entwickelten Jungtiere wuchsen rasch heran – woraus gefolgert werden konnte, daß deren Nahrungsbedarf vollauf gedeckt war. Dies hängt auch damit zusammen, daß sich aufgrund der Rodungsmaßnahmen eine erstaunliche Wirbellosenvielfalt eingestellt hatte, was durch die Tatsache begünstigt wurde, daß auf den Freiflächen viele Disteln und Doldenblütler, mittlerweile auch Orchideen blühen, die für Wirbellose eine wichtige Nahrungsquelle darstellen. Nach Bereinigung des Geländes haben sich u. a. diverse Schmetterlingsarten, darunter Trauermantel, Schwalbenschwanz, Distelfalter, Glühwürmchen und einige Libellenarten eingefunden – um nur die auffälligsten Besucher zu nennen.

Im darauf folgenden Winter wurden wiederum einige kleinflächige Rodungsarbeiten vorgenommen. Ferner wurde ein am Rande des Gebietes entdeckter Bunker aufgebohrt, um Unterschlupfmöglichkeiten für Fledermäuse zu schaffen. Bei einer Bestandsaufnahme der Wirbeltierfauna, die im Frühjahr, Sommer und Herbst stattfand, konnte festgestellt werden, daß viele der im vorigen Jahr an höheren Bäumen aufgehängten Nistkästen besetzt waren, wenngleich darin auch eher »herkömmliche« Vogelarten entdeckt wurden. Erwähnenswert aber ist, daß z. B. auch Graureiher und Schwarzspechte das Gelände regelmäßig besuchen. Was die eingesetzten Amphibienarten angeht, so hat sich deren Bestand konsolidiert. Dazu haben sich von selbst Grasfrosch, Erdkröte, Teichmolch und Bergmolch eingefunden, und all diese Arten haben sich ausnahmslos, teilweise in großer Zahl, fortgepflanzt. An zugewanderten Reptilien wurden Zauneidechse, Bergeidechse, Blindschleiche und Ringelnatter entdeckt. Als Vertreter der Säuger wurden z. B. Igel, Hermelin und Fledermäuse festgestellt, wobei die letzteren allerdings bislang »nur« als Gäste gelten können. Der Reichtum an Vertretern von Flora und Fauna ist folglich um einen bemerkenswerten Prozentsatz gegenüber dem Ursprungsbestand gestiegen.

Erwähnt werden soll auch noch, daß die gerodeten Fichten abtransportiert und meist, wenn es der Stammumfang zuließ, als Brennholz verwendet wurden. Die kleineren Fichten wurden im Winter gesammelt und an Ort und Stelle verbrannt, wobei die Brandstelle danach mit Erde zugedeckt wurde, um nicht den Eindruck eines Grillplatzes, der einige unerwünschte menschliche Besucher angezogen hätte, zu erwecken. Gesammelt wurden aber auch viele alte Bruchstücke von Laubgehölzen, also Totholz, und in mehreren größeren Haufen über das Gelände verteilt.

Das Steinbruchareal sieht heutzutage wie folgt aus: Die freigelegten, von Fichten »bereinigten« Flächen sind von einer hohen Zahl an Blütenpflanzen bestanden; sämtliche Steinteile, auch an den Sohlen, sind freigelegt; diverse Steinhaufen wurden an Ort und Stelle belassen bzw. Einzelsteine teilweise zu größeren Haufen geschichtet; der Großteil des Geländes liegt vollsonnig, etwa ein Viertel halbschattig (»Nordlflügel« des Steinbruchs); mehrere höhere Laubbäume sind, nach Osten oder auch Süden liegend, mit Nistkästen sowohl für Vögel als auch für Fledermäuse versehen worden, ferner wurden auch selbstgefertigte Nisthilfen für Insekten an sonnenexponierten Teilen aufgestellt (der hohe Anteil an Alt- und Totholz ließ diese Maßnahme aber im nachhinein als nicht unbedingt nötig, sondern lediglich als »Stütze« erscheinen); es gibt, wie beschrieben, sechs kleinere und größere Gewässer, zudem sind aufgrund der Bodenverdichtungen, die die Baggereinfahrten mit sich brachten, periodisch wasserführende Stellen entstanden, die sich bis zu 30 m^2 Fläche ausdehnen; die Pflegemaßnahmen erschöpfen sich weitgehend im jährlich einmaligen Mähen der Krautschicht nach Ende der Blühzeit und im Entfernen von nachwachsendem Junggehölz sowie reinen Kontrollgängen.

Sämtliche Arbeitsmaßnahmen im Steinbruch erfolgten ausschließlich in der Freizeit der Naturschutzgruppenmitglieder. Sie wurden dabei von einer wechselnden Anzahl von Personen unterstützt, in einem Fall auch von Angestellten des Forstamtes, vor allem aber von mehreren Schulklassen, die innerhalb von Projektwochen bei Rodungsarbeiten und dergleichen kräftig Hand anlegten. Bemerkenswert war, daß mehrere Schüler auch in ihrer Freizeit immer wieder einmal erschienen, um sich an der Arbeit zu beteiligen. Man kann also ohne weiteres feststellen, daß eine sinnvolle pädagogische Wirkung erzielt wurde. In einem Fall wurde sogar die Arbeit einer Schulklasse zeichnerisch und fotografisch dokumentiert, worauf hin eine entsprechende Ausstellung in der Schule erfolgte.

An reinen Materialkosten für die Umgestaltung dieses ehemals unbedeutenden Geländes in ein ökologisch höchst wertvolles Biotop fielen nicht viel mehr als DM 200,– an, also strenggenommen eine absolute Bagatellsumme, die dann auch problemlos von der zuständigen Bezirksstelle für Naturschutz und Landschaftspflege übernommen wurde.

Weitere Maßnahmen sollen folgen. Und zwar wird auf längere Sicht eine Biotopvernetzung mit anderen stillgelegten Steinbrüchen oder vergleichbaren Geländen, die sich in nicht zu weiter Entfernung befinden, angestrebt.

Grundsätzliches zu Umsiedlungsaktionen

Hier kommen wir auf einen sehr problematischen Sachverhalt zu sprechen, zu dem es in Naturschutzkreisen die unterschiedlichsten Meinungen gibt. Zunächst sei einmal die Rede von Umsiedlungsaktionen, wie sie im vorigen Abschnitt schon beschrieben wurden.

Bei der absoluten Immobilität wasserbewohnender **Larven von Wirbellosen** und **Amphibien** bzw. deren Laich sowie von generell wasserbewohnenden Arten (Wirbellose, Fische) ist eine Umsiedlung dann anzustreben, wenn dem Gebiet, in dem sie bislang gelebt haben, die völlige Zerstörung bevorsteht. Dies gilt natürlich auch für Umsiedlungsaktionen von Pflanzen. Sichergestellt sein muß selbstverständlich, daß das neue Areal, in das die Tiere und Pflanzen gebracht werden können, alle Voraussetzungen erfüllt, welche die Arten nun einmal benötigen. So ist es zum Beispiel relativ sinnlos, nur im Flachwasser gedeihende Amphibienarten in Tiefgewässer umzusetzen oder etwa Wirbellose, die auf Sandböden spezialisiert sind, zur »Rettung« auf tiefe Lehmböden umgewöhnen zu wollen. Ferner sollte darauf geachtet werden, daß das Gebiet, in das Tiere neu angesiedelt werden, nicht zu weit vom bisherigen Vorkommensareal entfernt ist – am besten nur soweit, daß erwachsene Exemplare der diversen Arten theoretisch eines Tages auch von selbst dorthin hätten finden können. Dieser letzterwähnte strenge Maßstab läßt sich in der Praxis leider, zugegebenermaßen, nicht immer einhalten.

Weil gerade aber Amphibien oft umgesiedelt werden – schließlich sind deren Laich und Larven relativ leicht zu keschern –, sollen hierzu einige spezielle Anmerkungen gemacht werden.

Alle **Molcharten** lassen sich – auch wenn der Kammolch die problematischste Art ist – noch »relativ« leicht umsiedeln; dies gilt auch für erwachsene Tiere. In diesem Fall hat es sich sogar mitunter schon als sinnvoll erwiesen, wenn das neue Gebiet weiter als einen Kilometer vom alten entfernt liegt, weil sich sonst die Gefahr der Rückwanderung erhöht.

Alle »leisen« Froschlurcharten, also solche, deren Lautäußerungen nicht allzu weit zu vernehmen sind, sind meist ausgesprochen ortstreu. Adulte Tiere umzusiedeln, ist deshalb oft schwierig, da die Rückwanderungs- bzw. »Abdriftungstendenz«, wenn das neue Gebiet vom bisherigen weiter entfernt ist, relativ hoch ist. Ganz besonders trifft dies auf die Erdkröte zu, die dank ihrer extremen Ortstreue neue Gebiete nur sehr zögerlich oder überhaupt nicht annimmt – auch wenn die äußeren, für diese Art wichtigen Voraussetzungen durchaus gegeben sein mögen.

Aber gerade diese wenig »flexiblen«, geringer vagilen Arten, zu denen auch Grasfrosch (jedoch in geringerem Maße als oft angenommen), Moorfrosch, Geburtshelferkröte und Knoblauchkröte gehören, gilt es natürlich aus bedrohten Gebieten zu retten. Hierzu muß man klar sagen, daß Umsiedlungsversuche nur dann zu vertreten sind, wenn auf Dauer keine selbständige Abwanderung mangels Ersatzgelände zu erwarten ist, und daß solche Umsiedlungsversuche immer ein Glücksspiel mit ungewissen Erfolgschancen sind.

»Laute« Froschlurche wie der Laubfrosch, die Kreuz- und Wechselkröte, aber auch gerne vagabundierende Arten wie Unken und Springfrosch sind nicht übermäßig, manchmal überhaupt nicht ortstreu, können sich doch die Weibchen an der über viele hundert Meter weg zu hörenden Stimme der Männchen orientieren und deshalb auch über weite Strecken zuwandern. Eine Umsiedlung von Laich, Larven und Jungtieren kann durchaus sinnvoll sein, ebenso, wenn es die Not erfordert, eine solche der erwachsenen Tiere, aber ob gerade die letzteren im Gebiet, in das sie übersiedelt wurden, bleiben, ist fraglich. Aber auch hier gilt: besser diesen Versuch wagen, als die Tiere in der Gefahrenzone zu belassen.

Grünfrösche schließlich, deren Ortstreue zu einem guten Teil von der vorgegebenen Gewässergröße bestimmt wird – in kleineren Gewässern wandern die Alttiere nach der Laichablage nicht selten ab und suchen sich neue Domizile –, können einigermaßen problemlos umgesiedelt werden, und zwar gilt dies auch für die erwachsenen Exemplare.

Auch eine **Umsiedlung von Reptilien** kann sich manchmal als nötig erweisen, doch stellen sich auf neue Gelände fast nur die Echsenarten oder die relativ mobile Ringelnatter einigermaßen gut ein. Schwieriger wird es bei stärker ortsgebundenen Arten wie vor allem Kreuzotter und Aspisviper, aber auch Schlingnatter und Äskulapnatter. Zwar ist bei diesen Arten ein Rückwandern in ein weiter entferntes »Heimatbiotop« nicht zu befürchten, doch es kann zu erheblichen Anpassungsschwierigkeiten kommen, im schlimmsten Fall dazu, daß sich die einzelnen Exemplare »in alle Windrichtungen zerstreuen«. Ähnliches gilt übrigens für Säuger; vor allem Igel kommen mitunter »in den Genuß« von Umsiedlungsaktionen. Hier ist zuviel guter Wille meist eher unangebracht, denn die Tiere sind befähigt, von sich aus relativ rasch neue Gebiete zu besiedeln. Eingreifen sollte man in diesen Fällen deshalb nur dann, wenn die Gefahr besteht, daß diese Tiere während des Winterschlafes

Grundsätzliches zu Umsiedlungsaktionen

durch Zerstörungsmaßnahmen – wie z. B. Zuschüttung oder Abgrabung – bedroht sind, oder aber dann, wenn wirklich keinerlei Ausweichmöglichkeiten vorhanden sind.

Umsiedlungen von **Fledermäusen** dürfen nur dann erfolgen, wenn absolut sichergestellt ist, daß Überwinterungsgebiete, z. B. Stollen, Kellerräume, Altbaumbestände definitiv zerstört werden. Solche Umsiedlungen werden nur dann erfolgen, wenn Naturschützer zu kurzfristig von der bevorstehenden Zerstörung erfahren haben, wenn also nichts mehr, wirklich rein gar nichts mehr, dagegen zu machen ist. Meist kann aber eine schnelle Unterschutzstellung des Gebietes beantragt und auch durchgeführt werden. Gegen Umsiedlungen von Fledermäusen sprechen vor allem zwei Gründe: Erstens sind die Tiere sehr ortstreu, halten sich an ihrem neuen Platz oft gar nicht, sondern steuern über viele Kilometer hinweg den alten wieder an; zweitens sind manche Arten noch gar nicht so gut erforscht, als daß man Unzweifelhaftes über ihre ökologischen Bedürfnisse sagen könnte.

Aus diesen Gründen ist es bei möglichen Umsiedlungsmaßnahmen von Fledermäusen noch notwendiger als bei anderen Tierarten, Experten einzuschalten, deren Namen von Naturschutzverbänden, eventuell auch von Behörden zu erhalten sind. Diese werden dann, im äußersten und dringendsten Notfall, die Tiere entweder fachgerecht überwintern (bei Luftfeuchtigkeit von ca. 100 %) oder sie über den Winter durchfüttern. Nun aber zu fünf wichtigen Punkten, die sich auf alle Umsiedlungsmaßnahmen **grundsätzlich** beziehen:

Erstens: Ohne behördliches Einverständnis (siehe hierzu Kap. »Gesetze« S. 82) dürfen Tiere und Pflanzen überhaupt nichts aus einem Gelände gefangen bzw. entnommen und in einem anderen ausgesetzt bzw. angepflanzt werden. Wer dies nicht beachtet, provoziert Schwierigkeiten geradezu.

Zweitens: Wenn umsiedlungwillige Naturschützer nicht die nötige Fachkenntnis über die in Frage kommenden Arten haben, ist die Umsiedlung meist zum Scheitern verurteilt, zumindest aber fraglich.

Drittens: Beim Umsiedeln geraten manche Naturschützer in eine regelrechte »Sammelwut«, entnehmen Arten und Individuen, von denen sie hinterher gar nicht wissen, wie sie alle unterzubringen sind. Über die späteren Unterbringungsmöglichkeiten muß man sich also von Anfang an hundertprozentig und detailliert im klaren sein.

Viertens: Für Tiere im allgemeinen, für Wasserbewohner im besonderen gilt, daß man sie nicht aus einem bedrohten Areal unbedenklich in ein intaktes übersiedeln kann, in dem dieselben oder verwandte Arten leben. Dieser Fehler wird sehr häufig gemacht. Zum Beispiel kann ein Gewässer, in dem sich bereits eine Anzahl von Molchen befindet, nicht auf einmal die Ernährungsbasis für eine weit größere Menge, als es die bisherige war, bieten.

Dazu kommt, daß sehr revierbezogene Arten, wie z. B. Reptilien oder Säuger, Neuankömmlingen das Leben sehr schwer machen können, diese häufig sogar verscheuchen. Umsiedlungen in neu geschaffene Biotope, eventuell sogar in naturnahe Gärten, sind problemloser.

Fünftens: Umsiedlungen sollten zu geeigneten Jahreszeiten stattfinden bzw. sich an den klimatischen Bedingungen orientieren. Pflanzen setzt man am besten im Winter, eventuell im Frühjahr oder Herbst um – dann allerdings an kühleren, regnerischen Tagen. Die Umsiedlung von jungen oder erwachsenen landlebenden Amphibien wie z. B. Kröten erfolgt am besten im Herbst, kurz vor der Winterruhe, damit die Tiere gar nicht mehr »anders können« als hierzubleiben. Dies ist nicht immer möglich, deshalb der generelle Ratschlag, landlebende Amphibien betreffend: Man siedelt sie an wärmeren, sonnigen Tagen um, also genau dann, wenn sie von Natur aus nicht aktiv sind. In diesem Fall verkriechen sie sich rasch, und wenn das warme, regenarme Wetter noch eine Weile anhält, haben sie sich mit ihrer neuen Unterkunft, wenn auch notgedrungen, schon etwas besser »angefreundet«.

Die beste Jahreszeit für eine Umsiedlung ist auch bei den Reptilien der Herbst; bei Umsetzungen außerhalb dieser Zeit gelten für sie genau die umgekehrten Bedingungen wie für Amphibien, es sollten dann kalte regnerische Tage, am besten frühe Abendstunden, für die Umsiedlung gewählt werden.

Fledermäuse sollten im Frühjahr – im Anschluß an die erwähnte künstliche Überwinterung – umgesiedelt werden, und zwar sollten sie tagsüber in für den Sommeraufenthalt geeignete Höhlen, Baumhöhlen, Bunker o. ä. gebracht werden. Es versteht sich von selbst, daß gewährleistet sein muß, daß es in der Nähe des Aussiedlungsortes geeignete Winterquartiere gibt.

Wiedereinbürgerungsmaßnahmen auf dem Prüfstand

Ein ganz anderes Problem stellen Aussiedlungs- und Wiedereinbürgerungsversuche diverser Tier- und Pflanzenarten dar. Es handelt sich hierbei um Arten und Individuen, die entweder in weiterer Entfernung – wegen dortiger Gebietszerstörung – entnommen worden sind, oder aber aus Nachzuchten stammen, was vor allem bei Pflanzen, Vögeln und Säugern eher der Fall ist.

Hier gelten folgende klare Richtlinien: Wiedereinbürgerungen von mittlerweile in einem Gebiet ausgestorbenen Arten sind nur dann sinnvoll und vertretbar, wenn:

— das Wiedereinbürgerungsgebiet in jeder Hinsicht, also in bezug auf Fläche, geologische, klimatische Bedingungen und Nahrungsangebot, alle Voraussetzungen erfüllt, die diese Art benötigt;
— die Art ihren ursprünglichen Lebensraum nicht auf natürliche Weise wieder besiedeln kann, weil das nächste Vorkommen zu weit entfernt ist;
— die Ursachen, die zum Erlöschen des Bestandes geführt haben, nicht mehr weiter wirken, wenn also in dem entsprechenden Biotop keine weiteren Zerstörungsmaßnahmen stattfinden, es gleichsam in Ruhe gelassen wird;
— der Schutz einer Art nicht mit anderen Zielen des Naturschutzes kollidiert – es kann also nicht darum gehen, auf »Biegen und Brechen« eine bestimmte Art anzusiedeln, vielleicht weil sie einem besonders »sympathisch« ist, wenn dies zu Ungunsten anderer in dem betreffenden Biotop lebenden Arten geschieht.

Wiedereinbürgerungsversuche von Pflanzen oder weniger mobilen (Wirbellose, Amphibien, Reptilien) bzw. streng an das Element Wasser gebundenen Tieren (Wirbellose, Fische) sind zwar umstritten – in diesem Zusammenhang taucht immer wieder der Begriff der »genetischen Verfälschung« auf, mitunter aber doch – und das ist bewußt vorsichtig ausgedrückt – vertretbar.

Von unbedachten privaten Aussetzungen ist aber hier grundsätzlich abzuraten – nebenbei: dies ist gar nicht erlaubt. Sämtliche Wiedereinbürgerungsversuche müssen mit entsprechenden Fachleuten abgesprochen werden. Mit ein wichtiger Grund ist die notwendige Langzeitüberwachung von Aussetzungsversuchen.

Selbstverständlich gilt das auch und vor allem für diverse, von Naturschutzverbänden und Einzelpersonen ausgeführte Wiedereinbürgerungsversuche von Vogel- und Säugerarten. Diese vermehren sich in der Zucht oft recht gut, harren nach Meinung ihrer Besitzer geradezu auf eine Aussetzung, aber eine Bestandsaufnahme der bisher durchgeführten Wiedereinbürgerungsversuche macht sehr schnell klar, daß diese Form von Artenschutz noch immer große Probleme bereitet: In den letzten rund dreißig Jahren profitierten nur die folgenden Arten von, zumindest einigermaßen, geglückten Aussetzungsprojekten:

Biber: In Deutschland wurden von 1966 bis 1981 rund 80 Tiere in Neustadt/Donau, am Unteren Inn, im Nürnberger Reichswald und in der Eifel ausgesetzt, und zwar vom Bund Naturschutz Bayern und von der Höheren Forstbehörde Rheinland. Resultat: An der Donau und diversen Nebenflüssen leben heute 100 bis 150 Biber, am Unteren Inn zwischen Passau und Salzburg 150, im Nürnberger Reichswald vier und in der Eifel zwölf.

In der Schweiz wurden von 1956 bis 1977 143 Biber in Versoix/Genf, an den Hüttwiler Seen und an der Aare ausgesetzt, und zwar von der Kantonalen Jagdbehörde und Privatpersonen. An zehn von dreißig Stellen war die Einbürgerung erfolgreich; heute leben dort etwa 130 Tiere.

Wildkatze: In Deutschland wurden seit 1984 im Bayerischen Wald, im Spessart und im Steigerwald 55 Tiere ausgesetzt, und zwar vom Bund Naturschutz Bayern. Immerhin liegen diverse Einzelbeobachtungen vor.

Luchs: In der Schweiz wurden von 1971 bis 1976 rund 20 Tiere in den Nordalpen, dem Jura und Engadin wiedereingebürgert, vor allem von privaten Naturschützern. heute gibt es wenigstens in den Nordalpen und im Jura zwei stabile Luchs-Populationen von 40 bis 70 Tieren.

Uhu: In Deutschland wurden seit 1964 über 1700 Uhus im Harz, im Weserbergland, in der Eifel, in der Frankenalb und im Bayerischen Wald ausgewildert. Für die Aussetzungen verantwortlich waren die Aktionen zur Wiedereinbürgerung des Uhu, die Nationalparkverwaltung Bayerischer Wald, der Bund Naturschutz Bayern, der Deutsche Naturschutzring. 1984 konnten in Nord- und Westdeutschland (bis dahin »uhufrei«) 53 Bruten mit 107 flüggen Jungen gezählt werden. Die süddeutschen Ausbürgerungen hatten keinen nennenswerten Einfluß, denn hier brüten Uhus noch in der Natur.

Sperlingskauz: In Deutschland wurden von 1968 bis 1972 35 Kauze im Schwarzwald ausgesetzt. Die Verantwortung dafür trugen die Staatliche Vogelschutzwarte Karlsruhe und das Staatliche Museum für Naturkunde Stuttgart. Heutzutage gibt es eine stabile Brutpopulation von 40 bis 50 Paaren.

Bartgeier: In Österreich, und zwar im Raum Salzburg, wurden seit 1986 4 Bartgeier wiedereingebürgert. Die Verantwortung für das Projekt tragen der World Wildlife Fund (WWF) sowie die Frankfurter Zoologische Gesellschaft. Dies ist wohl eines der bestüberwachten Aussetzungsprojekte überhaupt. So wurden die ersten ausgeflogenen Junggeier mit Radiosendern »ausgerüstet«, damit ihr jeweiliger Aufenthaltsort stets genau bestimmt werden und es ermöglicht werden kann, die Ausbreitungstendenz zu verfolgen. Dieses Bartgeier-Projekt wurde sehr sorgfältig vorbereitet. Schon seit 1978 waren die Projektmitarbeiter damit beschäftigt, Brutpaare in verschiedenen europäischen Zuchtstationen zusammenzuführen. Zuvor gab es in den Zoos so gut wie keine Nachzuchten, wurden doch zumeist isolierte Einzeltiere gehalten. Nun aber fingen die Tiere so erfolgreich zu brüten an, daß man schließlich an Aussetzungen denken konnte. Diese Wiedereinbürgerung soll im übrigen mindestens zehn und höchstens zwanzig Jahre weitergeführt werden, bis sich im Alpenraum eine Brutpopulation von rund 40 Paaren gebildet hat. Am Nahrungsangebot soll es nicht scheitern; im Gegenteil sind heute sogar mehr Nahrungstiere als zu Zeiten, in denen die Geier noch wild vorkamen, vorhanden, denn Rehe, Hirsche und Gemsen haben sich mittlerweile geradezu explosionsartig vermehrt, und die Geier können unter abgestürzten, durch Lawinen umgekommenen oder auf natürliche Weise gestorbenen Haus- und Wildtieren gehörig aufräumen.

Die Aussetzungsversuche für die nachfolgenden Arten müssen als gescheitert betrachtet werden, ja endeten mitunter sogar katastrophal:

– Wildkatze (CH, Augstmatthorn/Brienzersee),
– Fischotter (CH, Berner Voralpen),
– Weißstorch (D, Odenwald),
– Kolkrabe (D, Rheinland, Bayerischer Wald),
– Uhu (CH, Kanton Zürich und Basel-Land),
– Steinkauz (CH, Berner Seeland),
– Habichtskauz (D, Bayerischer Wald),
– Birkhuhn (D, Nähe Bremerhaven, Gifhorn, Ravensburg),
– Auerhuhn (A, Steiermark, Tirol) und (D, Harz, Schwarzwald, Bayerischer Wald, Sauerland, Odenwald, Unterfranken).

Das heißt natürlich nicht, daß es diese Arten bei uns nicht mehr gibt, denn dort, wo sie noch natürlich vorkommen, überwacht und geschützt werden, leben sie auch noch; das heißt »nur«, daß Aussetzungen in Gebieten vorgenommen wurden, die den Tieren kaum oder sogar bei weitem nicht die nötigen Überlebensmöglichkeiten geboten haben.

Was das Erschreckende in den meisten dieser Fälle ist: man hätte sich zuvor ja ganz einfach nach den natürlichen Bedürfnissen der Arten erkundigen können, hat aber darauf verzichtet oder zumindest nicht genau genug recherchiert. So ist der Mißerfolg zwangsläufig programmiert, wenn man z.B. Fischotter in belastete Gewässer aussiedelt; er ist ebenso programmiert, wenn

315 ha einsetzt, obwohl eine überlebensfähige Population, die aus ca. 50 Exemplaren bestehen muß, eine Minimalfläche von rund 2000 ha benötigt. Auch kann es schließlich nicht mit den Grundlagen des Naturschutzes vereinbar sein, wenn man, um die Überlebenschancen einer Kunstpopulation auf engem Raum zu erhöhen, einfach die Feinde, wie z. B. Habichte, systematisch aus dem betreffenden Gebiet wegfängt – so geschehen im Fall der ausgesetzten Birk- und Auerhühner.

Es ist also einfach ein Unding, Tiere dort auszusetzen, wo sie normalerweise keine Überlebensmöglichkeit, jedenfalls nicht auf Dauer, haben können. Warum wird dies dann dennoch gemacht? Nun, einerseits können viele Vogel- und Säugerarten, wie schon erwähnt, einigermaßen gut nachgezüchtet werden – und schließlich muß nach Ansicht der Züchter der Nachwuchs irgendwann »endlich mal ins Freie«; andererseits, man muß es leider sagen, lecken sich manche »Naturschützer« geradezu die Finger danach, seltene Arten zu erwerben, um irgendwelche Gelände mit ihnen zu bestücken, vielleicht auch, um sich später mit dem »Aussetzungsruhm« brüsten zu können. Wer bei so viel Eitelkeiten auf der Strecke bleiben muß, liegt natürlich auf der Hand.

Ein Aspekt, an den bei Wiedereinbürgerungsversuchen oft auch nicht gedacht wird, ist der, daß Tiere, die aus Nachzuchten stammen, relativ zahm sind, kaum Feindbilder kennen, wenig Ängste besitzen. Bis sie dann ihre Instinkte, wenn überhaupt, »wiederentdeckt« haben, der »wilden Natur« gewachsen sind, kann es für sie leicht schon zu spät sein.

Bringen wir es also auf einen einfachen Nenner. Bei Aussiedlungs- und Wiedereinbürgerungsmaßnahmen, welche Art auch immer betreffend, gilt es der grundsätzlichen Bejahung immer ein großes »aber« hinzuzufügen.

Pro und Contra Naturschutz: ein Nachsatz

Abschließend sei noch auf einige Aspekte des Naturschutzes eingegangen, die den »Aktiven« nur allzu leicht aus dem Gesichtsfeld geraten. Im Grunde genommen gehören Nistkästen, von Plastikfolien für Teiche ganz zu schweigen, nicht in die freie Natur, sondern sollten lediglich als Übergangseinrichtungen, als letztes Hilfsmittel dienen.

Derartige Hilfsmaßnahmen sind zwar schnell ausgeführt und bringen auch kurzfristigen Erfolg. Es besteht aber die Gefahr, daß Naturschützer, erst einmal an die Möglichkeit eines permanenten Einsatzes dieser Mittel gewöhnt, auf lange Sicht an den wesentlichen Zielen des Naturschutzes vorbeiarbeiten. Eine Haustierhaltungs- und Schrebergartenmentalität ist im öffentlichen Naturschutz fehl am Platz. Unseren Kindern sollte die Natur so »natürlich« wie möglich erhalten bleiben: Schon jetzt hört man, daß Kinder und jüngere Menschen allmählich zu glauben beginnen, Meisen und Spatzen wüchsen stets in Nistkästen auf! Solche Mutmaßungen zu fördern, kann schwerlich im Sinn der Sache sein...

Was aber ist denn dann im Sinn der Sache? Seit sich Engagierte aktiv für den Naturschutz einsetzen, gibt es hierzu gegenläufige Meinungen. Das folgende – natürlich inszenierte – Protokoll einer »Grundsatzdiskussion« zwischen Naturschützern mag uns alle noch einmal dazu anregen, sowohl unsere Motivation, als auch unsere Ziele innerhalb des Naturschutzes kritisch zu hinterfragen.

Grundfrage 1: Soll man warten, bis Tier- und Pflanzenarten in einem bestimmten Gebiet ganz oder teilweise aussterben, also deren Rückgang in Kauf nehmen, ohne sie künstlich zu fördern, um damit zu beweisen, daß der Biotop, den sie beanspruchen, unersetzlich ist?

Pro: Man kann dadurch definitiv und beweiskräftig aufzeigen, daß es höchstens kurzfristig, aber nicht oder nur schwer auf Dauer möglich ist, die ursprünglichen Bedürfnisse der Arten adäquat durch künstliche zu ersetzen. Die Erfahrung des Mangels, das Wissen um das Nichtmehrvorhandensein der Arten könnte auch bei Naturzerstörern oder Leuten, die diese Zerstörung billigend in Kauf nehmen, zu Denkanstößen führen.

Contra: Bis dieses »Mangelerlebnis« zu Denkanstößen führt, kann es für die eine oder andere Art schon zu spät sein. Hinzu kommt, daß es bei weitem nicht gewährleistet ist, daß sich ein Gefühl des Mangels überhaupt bei vielen Menschen einstellt. Es kann durchaus eine Art Gewöhnungseffekt eintreten. Nach anfänglichem Lamentieren über das Verschwinden einer Art akzeptiert man es schulterzuckend und geht zur Tagesordnung über. Die Beweise hierfür sind in der Geschichte zahlreich.

Grundfrage 2: Soll man Übergangsmaßnahmen schaffen, also »Auffangstationen« für Tiere und Pflanzen, in der Hoffnung, daß irgendwann einmal allgemein anerkannt wird, wie bedeutsam deren ursprünglicher Biotop war und wieder sein kann, wenn er auf seinen ehemaligen Standard zurückgeführt wird?

Pro: Man bewahrt sich bei dieser Maßnahme das »genetische Material«, das bei Wiederherstellung ursprünglicher Biotopformen wieder eingesetzt werden kann.

Contra: Technisch nicht leicht machbar. Meist ist jahrelange Überwachung nötig. Ein solcher »Übergangsbiotop« kann in verkleinertem Maßstab der Anlegung eines neuen Biotops gleichkommen. Arten, die sich dort erst einmal eingelebt haben, sollte man später nicht mehr umsiedeln.

Grundfrage 3: Soll man Ausgleichsmaßnahmen ergreifen, eventuell »Kunstbiotope« anlegen, um den bedrohten Arten zu helfen?

Pro: Größtmöglicher Schutz der unterschiedlichsten Arten; damit ist deren Überleben bis auf weiteres sichergestellt.

Contra: Damit gibt man potentiellen Naturzerstörern gute Argumente an die Hand. Warum sollen sich diese, notfalls unter Verzicht auf finanzielle Einnahmen, für den Naturschutz engagieren, wo sie doch wissen, der nächste Biotop wird von irgendwelchen Idealisten, gleichsam »nützlichen Idioten« schon geschaffen werden? Jede Neuanlage erleichtert das Gewissen des Zerstörers eines ursprünglichen Biotops.

Für mich steht fest, daß Naturschützer trotz all der berechtigten Einwände, auch aus den eigenen Reihen, nichts anderes tun können, als um den Erhalt bestehender Biotope auf »Teufelkommraus« zu kämpfen, als neue Biotope, wo immer nur möglich, anzulegen. Schließlich hat die Natur, nach jahrzehntelanger intensivster Zerstörung, ja ein gewaltiges »Nachholbedürfnis«.

Diese Zielsetzung klingt sehr einfach; ihr gerecht zu werden, ist jedoch eine langwierige Aufgabe. Wer dazu seinen Beitrag leisten will, muß sich auf das Beschreiten dorniger Wege gefaßt machen und, wie schon eingangs erwähnt, eine gehörige Portion Optimismus mitnehmen!

Adressenverzeichnis

Folgende – nichtstaatliche – Organisationen laden zur Mitarbeit ein. Man erhält dort auch unverbindliche Tips, Ratschläge sowie Auskünfte über Unterorganisationen, die an dem für den einzelnen Naturschutzinteressierten jeweils bedeutsamen Gebiet vor Ort – oder zumindest ganz in der Nähe – tätig sind. Diese Liste kann und will nicht den geringsten Anspruch auf Vollständigkeit erheben; die Namen und Adressen kleinerer Gruppen, von denen sich nicht wenige pro Jahr neu gründen, erhält man in der zuständigen Unteren Naturschutzbehörde des Landkreises, entnimmt man aus der lokalen Presse, oder man erfährt sie, was häufig der Fall sein wird, einfach durch Mundpropaganda.

Baden-Württemberg:
Bund für Umwelt und Naturschutz, LV (Landesverband) Baden-Württemberg, Rotebühlstr. 84, 7000 Stuttgart 1.
Aktionsgemeinschaft Natur- und Umweltschutz, Olgastr. 19, 7000 Stuttgart 1.
Naturschutzbund Deutschland, LV Baden-Württemberg, Heusteigstr. 94, 7000 Stuttgart 1.
Bayern:
Bund für Umwelt und Naturschutz, LV Bayern, Schönfeldstr. 8, 8000 München 22.
Landesbund für Vogelschutz, Kirchenstr. 8, 8543 Hilpoltstein.
Berlin:
Bund für Umwelt und Naturschutz, LV Berlin, Theodor-Heuss-Platz 7, 1000 Berlin 19.
VDA Aktionskreis Umweltschutz-Fauna-Flora (im Verband Deutscher Vereine für Aquarien- und Terrarienkunde), Hranitzkystr. 28, 1000 Berlin 48.
Naturschutzbund Deutschland, LV Berlin (West), Goltzstr. 5, 1000 Berlin 30.
Naturschutzbund Deutschland, LV Berlin (Ost), Platanenweg 46, 1195 Berlin.
Brandenburg:
Naturschutzbund Deutschland, LV Brandenburg, Dorfstraße 9a, 1831 Nennhausen.
Bremen:
Bund für Umwelt und Naturschutz, LV Bremen, Kohlhökerstr. 21, 2800 Bremen.
Bremer Naturschutzgesellschaft, Emil-Waldmann-Str. 4, 2800 Bremen 1.
Hamburg:
Bund für Umwelt und Naturschutz, LV Hamburg, Lange Reihe 29, 2000 Hamburg 1.
Greenpeace, Vorsetzen 53, 2000 Hamburg 11.
Naturschutzbund Deutschland, LV Hamburg, Habichtstr. 125, 2000 Hamburg 60.
Hessen:
Bund für Umwelt und Naturschutz, LV Hessen, David-Stempel-Str. 1, 6000 Frankfurt 70.
World Wildlife Fund (WWF), Sophienstr. 44, 6000 Frankfurt 90.

Naturschutzbund Deutschland, LV Hessen, Friedenstr. 25, 6330 Wetzlar.
Mecklenburg-Vorpommern:
Naturschutzbund Deutschland, LV Mecklenburg-Vorpommern, Bei der Tweel 11, 2500 Rostock.
Niedersachsen:
Bund für Umwelt und Naturschutz Deutschland, LV Niedersachsen, Goebenstr. 3a, 3000 Hannover 1.
Landesverband Bürgerinitiativen Umweltschutz Niedersachsen, Alleestr. 1, 3000 Hannover 1.
Naturschutzbund Deutschland, LV Niedersachsen, Calenbergerstr. 24, 3000 Hannover 1.
Nordrhein-Westfalen:
Bund für Umwelt und Naturschutz Deutschland, LV Nordrhein-Westfalen, Graf-Adolf-Str. 7–9, 4030 Ratingen.
Bund für Umwelt und Naturschutz Deutschland, Bundesstelle, Im Rheingarten 7, 5300 Bonn 3.
Naturschutzbund Deutschland, LV Nordrhein-Westfalen, Am Lippeglacis 10, 4230 Wesel.
Naturschutzbund Deutschland, Bundesgeschäftsstelle, Am Michaelshof 8–10, 5300 Bonn 2.
Deutsche Gesellschaft für Herpetologie und Terrarienkunde (DGHT), Adenauerallee 150–164, 5300 Bonn 1.
Rheinland-Pfalz:
Bund für Umwelt und Naturschutz Deutschland, LV Rheinland-Pfalz, Friedrich-Ebert-Str. 10, 6522 Osthofen.
Naturschutzbund Deutschland, LV Rheinland-Pfalz, Parcusstr. 12, 6500 Mainz 1.
Saarland:
Bund für Umwelt und Naturschutz Deutschland, LV Saarland, Futterstr. 14, 6600 Saarbrücken.

Naturschutzbund Deutschland, LV Saarland, Grabenstr. 22, 6690 St. Wendel.
Sachsen:
Naturschutzbund Deutschland, LV Sachsen, Dorfstr. 3, 7271 Boyda.
Sachsen-Anhalt:
Naturschutzbund Deutschland, LV Sachsen-Anhalt, Angerstr. 1, 4412 Roitsch.
Schleswig-Holstein:
Bund-Umweltzentrum, Lerchenstr. 22, 2300 Kiel.
Landesnaturschutzverband Schleswig-Holstein, Rathausstr. 2, 2300 Kiel.
Naturschutzbund Deutschland, LV Schleswig-Holstein, Forsthof Friedrichsholz, 2210 Oelixdorf.
Thüringen:
Naturschutzbund Deutschland, LV Thüringen, Ziegenhainerstr. 89, 6900 Jena.
Österreich:
Österreichischer Naturschutzbund, Arenbergstr. 110, A-5020 Salzburg.
WWF – Österreich, Ottokringerstr. 114–116, A-1162 Wien.
Schweiz:
Schweizerischer Bund für Naturschutz, Postfach 73, CH-4020 Basel.
WWF – Schweiz, Postfach, CH-8037 Zürich.

Was Naturschutzprojekte und -maßnahmen in Thüringen, Sachsen, Sachsen-Anhalt, Brandenburg und Mecklenburg betrifft, so kann man sich übrigens auch an die o. a. Zentralstellen des BUND – Naturschutz allgemein – und der DGHT – Amphibien- und Reptilienschutz im besonderen – wenden. Beide in Bonn. Umfangreiches Adressenmaterial, die Anschriften kleinerer, mittlerer und großer Gruppen, von staatlichen

Adressenverzeichnis

und nichtstaatlichen Ansprechstellen enthält DER GRÜNE FADEN, eine Broschüre, die von der Zeitschrift **natur** in unregelmäßigen Abständen herausgegeben wird. Die Anschrift: Redaktion natur, Gustav-Heinemann-Ring 212, 8000 München 83.

Bei nachstehend aufgeführten Adressen kann man sich über die bislang vorliegenden Kartierungsergebnisse erkundigen. Außerdem erfährt man dort, welche Kartierer für welches Gebiet – oder Teilgebiet – jeweils zuständig sind, wo man also noch nähere, ortsspezifische Auskünfte erhält.
Baden-Württemberg: Landesanstalt für Umweltschutz, Griesbachstr. 3, 7500 Karlsruhe.
Bayern: Landesamt für Umweltschutz, Rosenkavalierplatz 3, 8000 München 81.
Berlin: Senator für Umwelt, Lindenstr. 20–25, 1000 Berlin 61.
Bremen: Senator für Umwelt, Ansgaritorstr. 2, 2800 Bremen 1.
Hamburg: Umweltbehörde, Steindamm 22, 2000 Hamburg 1.
Hessen: Landesanstalt für Umweltschutz, Aarstr. 1, 6200 Wiesbaden.

Niedersachsen: Fachbehörde für Naturschutz, Scharnhorststr. 1, 3000 Hannover 1.
Nordrhein-Westfalen: Landesanstalt für Ökologie, Landschaftsentwicklung und Forsten, Leibnizstr. 10, 4350 Recklinghausen.
Rheinland-Pfalz: Landesamt für Umweltschutz, Amtsgerichtsplatz 1, 6504 Oppenheim 1.
Saarland: Landesamt für Umweltschutz, Don-Bosco-Str. 1, 6600 Saarbrücken.
Schleswig-Holstein: Landesamt für Naturschutz: Hansaring 1, 2300 Kiel 14.
Österreich: Österreichischer Naturschutzbund, Arenbergstr. 10, A-5020 Salzburg.
Schweiz: Schweizerischer Bund für Naturschutz, Postfach 73, CH-4020 Basel.

Über die Berliner Adresse kann man erfahren, an wen man sich wenden sollte, um über Kartierungsmaßnahmen, Naturschutzprogramme allgemein in Thüringen, Sachsen, Sachsen-Anhalt, Brandenburg, Mecklenburg Informationen zu bekommen.

Literatur

Balogh, J.: Die Lebensgemeinschaften der Landtiere. Akademie Verlag, Berlin 1958.
Barth, W-E.: Praktischer Umwelt- und Naturschutz, Verlag Paul Parey, Hamburg u. Berlin, 1987.
Blab, J., Nowak, E., Trautmann, W. & Sukopp, H. (Hrsg.): Rote Liste der gefährdeten Tiere und Pflanzen in der Bundesrepublik Deutschland, Kilda Verlag, Bremen 1984.
Blab, J.: Grundlagen des Biotopschutzes für Tiere – Schriftenreihe für Landschaftspflege und Naturschutz, Heft 24, Kilda Verlag, Bonn-Bad Godesberg 1986.
Buchwald, K. & Engelhardt, W. (Hrsg.): Handbuch für Planung, Gestaltung und Schutz der Umwelt, BLV, München/Zürich/Wien 1980.
Dengler, A.: Waldbau, Verlag P. Parey, Hamburg/Berlin 1971.
Dingethal, F., Jürging, P., Kaule, G. & Weinzierl, W.: Kiesgrube und Landschaft, Verlag P. Parey, Hamburg/Berlin 1981.
Ellenberg, H.: Vegetation Mitteleuropas mit den Alpen in ökologischer Sicht, Ulmer Verlag, Stuttgart 1978.
Erz, W.: Naturschutz-Grundlagen, Probleme und Praxis. – in: Buchwald, K. und Engelhardt, W. (Hrsg.): Handbuch für Planung, Gestaltung und Schutz der Umwelt, BLV, München/Zürich/Wien 1980.
Hayen, H.: Gedanken zum Schutz von Moorresten, Holzberg Verlag, Oldenburg 1981.
Hölzinger, J. & Mickley, M.: Existenzbedrohte Landschaften, Selbstverlag, Ulm 1974.
Illies, J. (Hrsg.): Limnofauna Europea, Fischer Verlag, Stuttgart 1978.
Kloft, W.: Ökologie der Tiere, Ulmer Verlag, Stuttgart 1978.
Plachter, H.: Naturschutz, Fischer Verlag, Stuttgart 1991.
Remmert, H.: :Ökologie, Springer Verlag, Berlin/Heidelberg/New York 1980.
Röser, B.: Grundlagen des Biotop- und Naturschutzes, ecomed Verlag, Landsberg 1990.
Schindler, O.: Unsere Süßwasserfische, Franckh'sche Verlagshandlung, Stuttgart 1963.
Schmidt, H.: Die Wiese als Ökosystem, Anlis Verlag, Köln 1979.
Schwertner, P.: Der Naturgarten, Landbuch Verlag, Hannover 1985.
Stern, H., Bibelriether, H., Burschel, P., Plochmann, R., Schröder, W. & Schulz, H.: Rettet den Wald, Kindler Verlag, München 1979.
Zahradnik, J.: Der Kosmos-Insektenführer, Franckh'sche Verlagshandlung, Stuttgart 1984.

Bildnachweis

Hans Fürst, Abtsgmünd:

Fotos 1, 2, 3, 8, 9, 10, 11, 12, 13, 14, 15, 16, 17, 19, 20, 21, 23, 24, 25, 26, 27, 28, 30, 33, 34 und 35.

Roland Kalb, Dauchingen:

Fotos 5, 6, und 7.

Hans Payerl, Eschach:

Fotos 4, 22, 29

Klaus Posselt, Untergröningen:

Fotos 18, 31, 32

Zeichnungen von Marlene Gemke, Germering (BKU 307 337) nach Vorlagen des Autors und anderen, jeweils gesondert genannten Bildquellen.

Stichwortverzeichnis

Abendsegler 41
Abendsegler, Kleiner 52
Abwärmebelastung (der Gewässer) 17
Adonislibelle, Späte 37
Aktionsgemeinschaft 89
Alpenazaleen-Windheide 39
Alpenbraunelle 39
Alpendohle 39
Alpenfledermaus 39
Alpenmoore 30
Alpenrosen-Heide 39
Alpensalamander 39
Alpenspitzmaus 39
Amsel 46
Apollofalter 58
Artenschutz 13
Äschenregion 15
Äskulapnatter 37
Aspisviper 67
Auerhuhn 99
Ausbaggerung (von Kleingewässern) 33
Auwälder 35

Barbenregion 15
Bartgeier 99
Bartmeise 25
Baumfalke 21
Baumhecke 44
Bechsteinfledermaus 41
Bekassine 32
Berglaubsänger 39
Bergmolch 23
Beutelmeise 46
Bezirksregierung 80
Biber 16, 98
Binsen-Naßwiesen 31
Binsen 28
Biotopschutz 13

Birke 29
Birkhuhn 99
Bisam 16
Blaumeise 46
Blaupfeil, Kleiner 32
Blindschleiche 30
Bluthänfling 46
Brachpieper 39
Brachsenregion 16
Brachvogel 32
Braunkehlchen 32
Breitflügelfledermaus 52
Brombeere 47
Bruchwälder 35
Buchfink 46
BUND 88
Bundesartenschutzverordnung 84
Bundesumweltministerium 79
Bundspecht 46

Calluna-Heide 38

Dachs 57
DGHT 88
Distelfink 46
Dohle 58
Douglasie 50
Drainage 25
Drosselrohrsänger 25

Eichenmischwald 54
Eichhörnchen 64
Eisvogel 62
Eisvogel, Großer 57
Elster 46
Entwässerung (von Mooren) 30
Erdeule, Schwärzliche 39
Erdkröte 22
Erle 28

Stichwortverzeichnis

Fadenmolch 23
Faltenwespen 62
Farn- und Blütenpflanzen 8
Fasan 46
Faulbaum 28
Feldschwirl 32
Feldsperling 46
Felsgrusfluren 36
Fetthenne 36
Feuersalamander 23
Fischereiwirtschaft 27
Fischarten, fremdländische 26, 70
Fische 8
Fischotter 16
Fitis 46
Flachlandbach 20
Flechten 8
Flunderregion 16
Forellenregion 15
Forst 49
Forstamt 81
Fransenfledermaus 41, 52
Fuchs 41
Fuchs, Großer 41
Furchenbienen 52

Gartenbaumläufer 46
Gartengrasmücke 46
Gartenschläfer 41
Gänsesäger 21
Gebirgsstelze 39
Geburtshelferkröte 22
Gefäßpflanzen 37
Gelbbauchunke 22
Gelbspötter 46
Gemeinde 82
Gemse 39
Geradflügler 8
Gesamtbiotop 13
Gewässerausbau 17
Gewässerstau 17
Gewässerverschmutzung 17
Girlitz 46
Glockenheide-Sumpfheide 38
Goldammer 46
Goldregenpfeifer 39
Grasfrosch 22

Graskarpfen 26
Grauammer 46
Graureiher 32
Grauschnäpper 46
Grauspecht 41
Greenpeace 88
Großschmetterlinge 8
Großseggen-Riede 31
Grünfink 46
Grünspecht 41

Habichtskauz 99
Hainbuchenknick 44
Hartholzzone 18
Haselhuhn 39, 55
Haselmaus 45
Haubentaucher 64
Hausmaus 64
Hausrotschwanz 58
Haustaube 64
Heckenbraunelle 46
Heide-Bürstenbinder 39
Heidekraut 29
Heidekraut-Bergheide 39
Heidekraut-Heide 38
Heidelibelle, Schwarze 30
Heideschrecke 39
Hermelin 41, 57
Heuschrecken (gefährdete) 37
Himbeere 47
Hochhecke 44
Hochmoorgelbling 30
Hohltaube 46
Holunder, Schwarzer 47
Hornissen 52
Hufeisennase, Große 59
Hufeisennase, Kleine 64
Hutewald 55

Igel 45, 46
Iltis 69
Inselbereiche 27
Intensiv-Obstplantagen 41

Kaisermantel 57
Kammolch 22
Kanalisation 17

Stichwortverzeichnis

Kartierungsbögen 72
Katasteramt 82
Katzenwels 26
Kiebitz 32
Kiefer 29
Kiefernwald 54
Klagemöglichkeit 81
Klappergrasmücke 46
Kleiber 46
Kleingewässer, temporäre 27
Kleinseggensümpfe 31
Kleinspecht 46
Kohlmeise 46, 64
Kolkrabe 58
Kranich 30
Krähenbeer-Heide 38
Krähenbeer-Rauschbeer-Heide 38
Kreuzkröte 22
Kreuzotter 30
Kreuzspinne 45
Kriechtiere 8
Kulturbiotop 13

Lachmöwe 64
Laichgewässer, künstliches 31
Laichkrautzone 18
Landesumweltministerium 80
Landschaftsbestandteile, geschützte 75
Landschaftsschutzgebiete 75
Landschnecken (gefährdete) 37
Landwirtschaftsamt 81
Langflügelfledermaus 59
Langohr, Braunes 64
Langohr, Graues 64
Laubfrosch 22
Libellen 8
Liegenschaftsamt 82
Luchs 98
Lurche 8

Marder 41
Marienkäfer 35
Mauerbienen 62
Mauereidechse 37
Mauerpfeffer 36
Mauersegler 58

Mausohr 64
Mädesüß 28
Mäusebussard 46
Mehlschwalbe 24
Mittelwald 55
Moorameise, Schwarzglänzende 30
Moorfrosch 22
Moosbeere 29
Moosbeerenbläuling 30
Moose 8
Moosjungfer 30
Mönchsgrasmücke 46
Murmeltier 39

Nachtigall 46
Naturbiotop 13
Naturdenkmal 75
Naturschutzbehörde, Obere 80
Naturschutzbehörde, Untere 80
Naturschutzbund Deutschland 88
Naturschutzgebiete 75
Naturwald 51
Neuntöter 41, 46
Niederhecke 43
Niederstammkulturen 41
Niederwald 55
Nordfledermaus 64
Nutzfische 25

Ödlandschrecke 62

Pappel 32
Perlmutterfalter, Violetter 32
Pfeifengraswiesen 31
Pfennigkraut 28
Purpurreiher 25

Rabenkrähe 46
Raubwürger 41, 46
Rauchschwalbe 24
Rauhautfledermaus 52
Rebhuhn 45, 46
Regierungspräsidium 80
Reh 45, 50
Ringelnatter 22
Ringeltaube 45, 46

Robinie 50
Rohrammer 27, 46
Rohrdommel, Große 25
Rohrkäfer 35
Rohrweihe 25
Rotbauchunke 22
Rothirsch 50
Rotkehlchen 46
Rotkopfwürger 41
Rotmilan 46
Rotschenkel 32
Röhrricht 21
Röhrrichtzonen 21
Rundmäuler 8

Sandbienen 39, 62
Sandheide 38
Sandlaufkäfer 62
Sandschrecke 62
Sandtrockenrasen 36
Sanierungsmaßnahmen
 (bei Räumen) 43
Sauergras 29
Säugetiere 8
Schafstelze 24
Schellente 21
Schermaus 21
Schilfrohrsänger 27
Schillerfalter, Großer 57
Schillerfalter, Kleiner 57
Schlehe 47
Schlingnatter 30
Schneehase 39
Schwanzmeise 46
Schwarzkehlchen 39
Schwarzkiefer 50
Schwarzmilan 46
Schwarzstirnwürger 41
Schwimmblattzone 21
Seefrosch 22
Seidenbienen 62
Seidenglanzspanner, Weißer 32
Sekundärbiotope 14
Siebenschläfer 41, 64
Silberkarpfen 26
Simsen-Naßwiesen 31
Singdrossel 46

Smaragdeidechse 26
Sonnenbarsch 26
Sonnentau 29
Sperlingskauz 98
Springfrosch 22
Springspinne 62
Star 45, 46
Stechfichte 50
Steinkauz 41, 46
Steinschmätzer 39
Steppenrasen 37
Stockente 21
Straßenbauamt 82
Sumpf-Heidelibelle 32
Sumpfdotterblumenwiesen 31
Sumpfeule, Graue 32
Sumpfhuhn, Kleines 25
Sumpfmaus 32
Sumpfmeise 46
Sumpfrohreule 25
Sumpfohrsänger 46
Sumpfschildkröte 22
Sumpfvergißmeinnicht 28
Sumpfwälder 35
Sumpfziest 28

Tannenhäher 39
Teichfledermaus 64
Teichfrosch 22
Teichhuhn 64
Teichmolch 23
Topographische Karten 72
Torfmoos 29
Traubenkirsche 47
Trauerschnäpper 46
Turmfalke 46, 58
Turteltaube 41
Tüpfelsumpfhuhn 25

Übungsgelände, militärisches
 30
Uferbebauung 25
Uferbefestigung 25
Uferschnepfe 32
Uferschwalbe 62
Uferzone 21
Uhu 58, 98

Stichwortverzeichnis

Unterschutzstellung 77
Unterwasserpflanzenzone 21

Verrohrung (der Gewässer) 17
Vögel 8

Wacholder 29
Wacholderdrossel 46
Wachtelkönig 32
Wald-Sandlaufkäfer 39
Waldeidechse 30
Waldohreule 45, 46
Waldrandzone 56
Waldschnepfe 55
Waldwirtschaftsbereich 49
Wanderfalke 58
Wanderratte 64
Wasserfrosch 22
Wasserralle 25
Wasserspitzmaus 16, 69
Wasserwirtschaftsamt 80
Weberknecht 62
Wechselkröte 22
Weichholzzone 18
Weißdorn 47
Weißstorch 27, 64

Wendehals 41, 46
Wespenbussard 46
Wiedehopf 41, 46
Wiesel 41, 57
Wiesenweihe 25
Wildbienen 52
Wilderei 58
Wildgans 32
Wildkatze 98
Wildschwan 32
Wildverbiß 50
Wimperfledermaus 64
Wühlmaus 41
Würfelfalter, Brauner 57
Würfelnatter 22

Zauneidechse 39
Zaunkönig 46
Ziegenmelker 39, 55
Zilpzalp 46
Zipfelkäfer 35
Zitronenfalter 57
Zuschüttungsmaßnahmen 24
Zwergdommel 25
Zwergfledermaus 52
Zwergtaucher 64